Ingrid Sachs

Haustiere

in der Grundschule

Materialien für den Unterricht
Hase und Igel®

© 2008 Hase und Igel Verlag, München
www.hase-und-igel.de
Lektorat: Juliane Müller, Patrik Eis
Satz: Margit Kick, Claudia Trinks
Illustrationen: Uta Fischer

ISBN 978-3-86760-823-7
5. Auflage 2020

Vorwort

Das Zusammenleben mit einem eigenen Tier hat einen positiven Einfluss auf die kindliche Entwicklung: Kinder erfahren Natur aus erster Hand, haben neben Eltern und Freunden einen Ansprechpartner und lernen gleichzeitig, Verantwortung für ein anderes Lebewesen zu übernehmen. Viele Ihrer Schülerinnen und Schüler sind wahrscheinlich bereits stolze Haustierbesitzer oder wünschen sich zumindest ein eigenes Tier.

Hier knüpft der vorliegende Band an: Mithilfe kurzer, verständlicher Sachtexte und anschaulicher Illustrationen eignen sich die Kinder grundlegendes Wissen über „gängige" Heim- und Nutztiere an. Dieses kann mithilfe verschiedener Spiele und Übungen eigenständig überprüft und gefestigt werden. Weiterführende Ideen bieten Möglichkeiten des kreativen und handlungsorientierten Umgangs mit dem Thema. Literatur- und Filmtipps, Internetadressen und Ansprechpartner für Unterrichtsgänge runden das Material ab. Ziel ist es – neben der reinen Wissensvermittlung – ein Verständnis für Tiere zu schaffen, das einen verantwortungsvollen Umgang mit Heim- und Nutztieren ermöglicht.

Die Inhalte des Materials sind auf die Lehrplanthemen der zweiten bis vierten Klasse abgestimmt und decken wichtige Erfahrungsbereiche ab. Der Band bietet eine Vielfalt von Methoden. Die Erarbeitung der Themenbereiche kann in Einzel-, Partner- oder Gruppenarbeit erfolgen. Ein Teil des Materials ist so aufbereitet, dass es sich hervorragend für Formen des offenen Unterrichts eignet.

Der Band besteht aus drei Kapiteln, die unabhängig voneinander im Unterricht eingesetzt werden können. Querverweise zeigen sinnvolle Verknüpfungsmöglichkeiten auf. Jedes Kapitel gliedert sich in zwei Teile: Im Lehrerteil bekommen Sie Tipps zum Einsatz der Kopiervorlagen (KV), Lösungen und Anregungen zur Unterrichtsgestaltung sowie zusätzliche Informationen zu einzelnen Sachthemen in grau unterlegten Kästen. Die Kopiervorlagen sind für die Hand der Schüler gedacht und in der Regel ohne Aufwand einsetzbar.

- Was ist überhaupt ein Haustier? Dieser Frage gehen die Kinder im ersten Kapitel nach. In Tierrätseln, -spielen und Redewendungen nähern sie sich dem Thema spielerisch und lernen gleichzeitig, die Untergruppen Heim- und Nutztiere gegeneinander abzugrenzen.

- Hund, Katze, Kaninchen, Wellensittich, Fisch – im umfangreichen zweiten Kapitel dreht sich alles um diese „Top 5" der Heimtiere. Die Schüler erwerben grundlegendes Wissen über Körperbau, Abstammung, Arten, Körpersprache und Haltung des betreffenden Tieres. Diese Kenntnisse werden in einem abschließenden Teil in Form von Spielen und Übungen aufgegriffen und gefestigt. Dieser zweite Teil des Kapitels eignet sich besonders für die Freiarbeit (Wochenplanarbeit, Lernen an Stationen).

- Rind, Schwein, Schaf, Huhn und Pferd – diese Nutztiere werden im dritten Kapitel vorgestellt. Analog zum zweiten Kapitel werden zunächst in kurzen Texten grundlegende Informationen über die Tiere und ihren Nutzen für den Menschen vermittelt. Ein Nutztier-Trio und ein umfassendes Quiz bieten spielerische Möglichkeiten der Festigung. Den Abschluss bildet eine achtseitige Vorlage für ein Buch, das die Schüler im Zusammenhang mit einem Unterrichtsgang auf einen Bauernhof selbstständig gestalten können.

„Tierischen" Spaß und viel Erfolg mit dem Material wünscht Ihnen und Ihrer Klasse

Ingrid Sachs

Inhalt

Inhalt

3. Kapitel: Nutztiere

1. Kapitel: Was ist ein Haustier?

Vorbemerkung

Fast alle Kinder interessieren sich für Tiere, manche haben sogar bereits ein eigenes Tier zu Hause oder wünschen sich eines. Welche Tiere aber zählen eigentlich zu den Haustieren? Dieses Kapitel bietet verschiedene Impulse, sich der Antwort auf diese Frage zu nähern. Ein Tierrätsel, verschiedene Redewendungen und Zungenbrecher, ein Zuordnungsspiel und ein Suchspiel zu typischen Haustieren helfen den Schülern, ihr Vorwissen zu aktivieren. Davon ausgehend erfahren sie, dass nicht nur die Tiere zu den Haustieren gehören, die vom Menschen zu dessen Vergnügen gehalten werden, sondern auch Tiere, die wegen ihres wirtschaftlichen Nutzens gezüchtet und gehalten werden.

Lehrplanbezug

Deutsch
- Tiernamen korrekt schreiben
- Redewendungen kennenlernen und auf ihre historischen Wurzeln zurückführen
- Zungenbrecher sprechen
- Wörter lautmalerisch und pantomimisch darstellen

Sachunterricht
- Verschiedene Haustiere kennenlernen
- Tierlaute erkennen, zuordnen und nachahmen
- Fortbewegungsarten verschiedener Tieren benennen
- Abgrenzung Nutztiere – Heimtiere

Zu den Kopiervorlagen

KV Seite 9 **Tierrätsel**

In der ersten Aufgabe ist die Anzahl der Kästchen des Rätselgitters ein Anhaltspunkt für die korrekte Orthografie der Tiernamen. Die zweite Aufgabe bereitet ausgehend von der Lebenswelt der Schüler die Unterscheidung zwischen Heim- und Nutztieren vor. Einige Tiere können mehrfach genannt werden. Sprechen Sie im Anschluss mit den Schülern darüber, zu welchem Zweck die Tiere an dem jeweiligen Ort gehalten werden (zum Vergnügen / zum Nutzen für den Menschen). Gehen Sie auch darauf ein, dass z. B. eine Katze oder ein Hund auf einem Bauernhof unter Umständen nicht nur als Spielgefährte dient, sondern durchaus auch Aufgaben übernehmen kann (Hund: Hof bewachen, Katze: Mäuse fangen).

Lösung
Aufgabe 1:

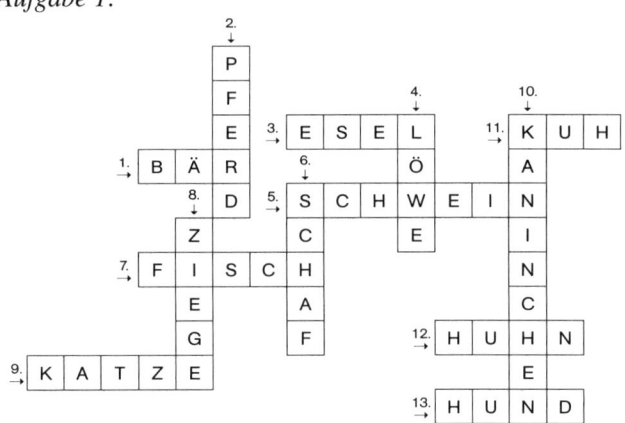

Aufgabe 2:
In einer Wohnung: Fisch, Katze, Kaninchen, Hund
Auf einem Bauernhof: Pferd, Esel, Schwein, Schaf, Ziege, Katze, Kuh, Kaninchen, Huhn, Hund
Im Zoo: Bär, Pferd, Esel, Löwe, Schwein, Schaf, Fisch, Ziege, Kaninchen

 KV Seite 10 **Tierisch schnell sprechen**

Zur Auflockerung des Unterrichts oder als gezieltes Artikulationstraining bieten sich Zungenbrecher an. Mithilfe der lustigen Sätze können die Kinder die Ausdrucksmöglichkeiten ihrer Stimme erproben und üben, verständlich zu sprechen.

Falls Ihre Schüler Freude an den Zungenbrechern haben, lassen Sie sie auch die folgenden Sätze lesen: Wenn Fliegen hinter Fliegen fliegen, fliegen Fliegen hinter Fliegen her. – Zwischen zwei Zwetschgenbaumzweigen zwitschern zwei geschwätzige Schwalben. – Große Krebse krabbeln im Korbe. Im Korbe krabbeln große Krebse. –

Acht alte Ameisen aßen am Abend Ananas. – Es lagen zwei zischende Schlangen zwischen zwei spitzen Steinen und zischten dazwischen.

KV Seite 11

Weißt du, wie der Hase läuft?

Die zweite Aufgabe ist zur Differenzierung gedacht. Den Ursprung einiger Redewendungen können die Kinder sicherlich problemlos nachvollziehen. Die anderen Wendungen können als kleine „Forschungsaufgabe" mithilfe eines Herkunftswörterbuches oder des Internets zu Hause untersucht werden. Die Ergebnisse werden dann später in der Klasse vorgetragen.

Lösung

Aufgabe 1:

Sie sind wie Hund und Katze. – Sie vertragen sich nicht und streiten viel. / Sie steht mit den Hühnern auf. – Sie steht sehr zeitig auf. / Er lässt die Katze aus dem Sack. – Er verrät ein Geheimnis. / Es ist nur ein Katzensprung. – Etwas ist nicht weit entfernt. / Er weiß, wie der Hase läuft. – Er kennt sich besonders gut aus. / Er ist das schwarze Schaf in der Gruppe. – Er ist nicht wie alle anderen, deshalb ist er ein Außenseiter. / Er benimmt sich wie ein Elefant im Porzellanladen. – Er benimmt sich sehr ungeschickt.

Aufgabe 2:

- … wie Hund und Katze sein – Hunde und Katzen vertragen sich in der Regel nicht gut.
- … mit den Hühnern aufstehen – Hühner stehen zeitig auf.
- … die Katze aus dem Sack lassen – Auf Märkten wurden früher Tiere verkauft und für den Transport in Säcke gesteckt. Manchmal waren die Tiere aber auch schon im Sack, wenn sie verkauft wurden. Packte der neue Besitzer das Tier zu Hause aus, konnte es sein, dass statt einem teuren Ferkel eine billige Katze aus dem Sack kam.
- … nur ein Katzensprung – Katzen können bis zu drei Meter hoch und bis zum 15-fachen ihrer Körperlänge weit springen: eine Distanz, die einem Menschen allerdings nicht allzu weit erscheint.
- … wissen, wie der Hase läuft – Hasen schlagen Haken und sind so in der Lage, blitzschnell ihre Laufrichtung zu ändern. Aus Erfahrung und durch Beobachtungen weiß der Jäger aber letztlich doch, „wie der Hase läuft".
- … das schwarze Schaf sein – Die Wolle weißer Schafe galt als wertvoller, da sie einfacher zu färben war. Schwarze Schafe waren somit weniger beliebt, außerdem fallen sie in einer Herde von weißen Schafen besonders auf.

- … sich wie ein Elefant im Porzellanladen benehmen – Aufgrund seiner Größe und seines Körperumfangs wird ein Elefant (fälschlicherweise) als ungelenk und ungeschickt eingeschätzt.

KV Seite 12/13

Heimtiere und Nutztiere

Mithilfe des Suchspiels auf der ersten Kopiervorlage wird den Kindern deutlich gemacht, dass bestimmte Tiere für den Menschen besonders nützlich sind. Sprechen Sie mit den Schülern ausgehend von den dargestellten Gegenständen über den Nutzen der Tiere für den Menschen als Nahrungs- und Rohstofflieferant (Kuh, Schwein, Huhn, Schaf) bzw. als Transportmittel, Zugtier und Lastenträger (Pferd). Grenzen Sie diese Nutztiere gegenüber Hund, Katze, Kaninchen, Wellensittich und Fisch ab. Diese typischen Heimtiere leben als Spielgefährte und Freund des Menschen mit diesem in einer Wohnung oder einem Haus zusammen. Erwähnt werden sollte allerdings, dass Heimtiere auch Nutztiere sein können. So werden Hunde z. B. zur Bewachung eingesetzt, Kaninchen und spezielle Fischarten als Nahrungslieferant gezüchtet.

Das zweite Arbeitsblatt dient zur Sicherung der gewonnenen Kenntnisse.

Lösung Seite 12

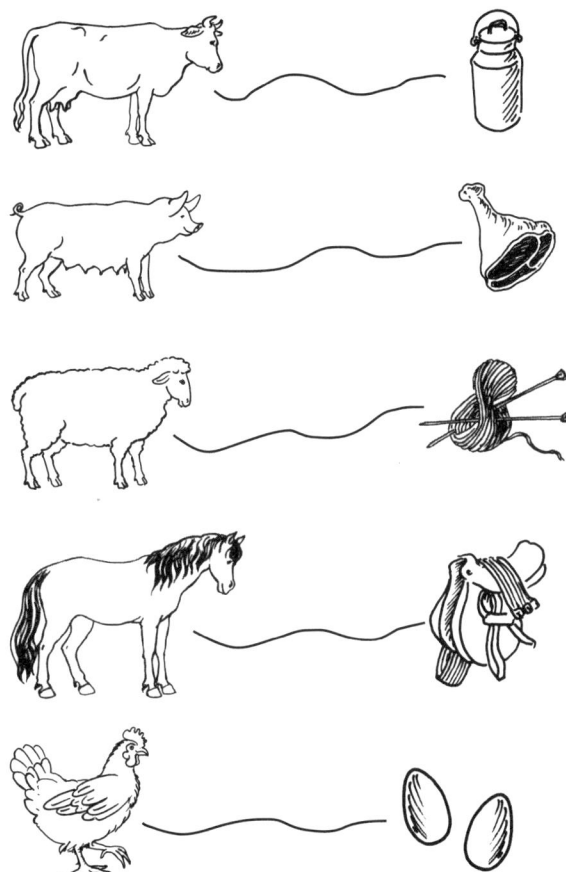

Lösung Seite 13

Kuh, Huhn, Schaf, Schwein, Pferd, Hund, Katze, Kaninchen, Wellensittich, Fisch

KV Seite 14

Wer macht was?

Im Anschluss an die Bearbeitung der Kopiervorlage bilden die Kinder Vierergruppen. Die Kärtchen werden gemischt und mit der Schrift nach unten auf einen Stapel gelegt. Die Kinder ziehen abwechselnd eine Karte und stellen das Verb pantomimisch bzw. lautmalerisch dar. Die anderen raten das Wort und nennen das passende Tier.

Mit den Wortkärtchen kann auch ein Memoryspiel gebastelt werden. Alternativ malen die Kinder die vier Tiere in ihr Heft und kleben zu jedem Tier die passenden Kärtchen.

Lösung

Aufgabe 1:

Hund: bellen, kläffen, winseln, jaulen, (kratzen, schleichen, klettern, knabbern)

Katze: schleichen, schnurren, miauen, klettern, fauchen, kratzen, maunzen

Wellensittich: piepen, zwitschern, knabbern, pfeifen, fliegen, tschilpen

Kaninchen: hoppeln, nagen, mümmeln, (knabbern)

Weiterführende Ideen

- *Ein Tier-Abc basteln*

  Zu jedem Buchstaben des Alphabets (X und Y weglassen) wird ein entsprechender Tiername gefunden. Jedes Kind gestaltet ein DIN-A4-Blatt für einen Buchstaben (bei größerer Klassenstärke können auch mehrere Kinder denselben Buchstaben bearbeiten), indem es den Tiernamen aufschreibt und dabei den Anfangsbuchstaben besonders gestaltet. Ein gemaltes oder aufgeklebtes Tierbild vervollständigt das Bild, das zusammen mit den anderen Buchstaben im Klassenzimmer aufgehängt werden kann.

- *Tierrätsel*

  Die Kinder stellen entweder pantomimisch ein Tier dar oder beschreiben es mit eigenen Worten. Die Mitschüler raten. Geben Sie ein Beispiel vor: „Ich bin sehr groß und schwer und habe eine lange Nase. Wer bin ich?" Analog zur mündlichen Formulierung können sich die Schüler im Anschluss weitere Rätsel ausdenken und sie aufschreiben.

- *Spiel „Alle Vögel fliegen hoch"*

  Die Kinder und der Spielleiter sitzen an einem Tisch und trommeln mit den Zeigefingern in schneller Folge auf die Tischplatte. Der Spielleiter nennt der Reihe nach Tiere oder andere Dinge, z.B.: „Alle Tische fliegen hoch." Jedes Mal, wenn flugfähige Tiere oder Gegenstände genannt werden, müssen beide Hände bei „hoch" in die Luft gestreckt werden. Während der Spielleiter als Einziger beim Anzeigen auch Fehler machen darf, müssen Kinder, die einen Fehler gemacht haben, ein Pfand abgeben. Das Spiel lässt sich variieren, indem auch Tiere hinzugenommen werden, die schwimmen (Schwimmbewegungen machen) oder laufen können (mit der flachen Hand auf die Tischplatte schlagen). Dann heißt es entsprechend „Alle … schwimmen los" oder „Alle … laufen los".

- *Lange Sätze bilden*

  Die Kinder bilden Gruppen. Ein Satz, bestehend nur aus Subjekt und Prädikat, wird vorgegeben und muss durch Hinzufügen jeweils eines Wortes an beliebiger Stelle verlängert werden, sodass ein möglichst langer, aber sinnvoller Satz entsteht. Beispiel: „Die Katze schleicht." – „Die Katze schleicht langsam." – „Die schwarze Katze schleicht langsam." Das Spiel wird reihum gespielt. Wer kein Wort mehr hinzufügen kann, scheidet aus. Wer kann den längsten Satz bilden?

Tierrätsel

 Wie heißen die Tiere? Trage ihre Namen in das Rätselgitter ein.

(2) (4) (3) (10)

(1) (11)

(7)

(9) (5)

(9) (8) (13) (6)

2.

1. → 3. → 4. 10. 11. →

8. 6. 5. →

7. →

12. →

9. → 13. →

 Welche Tiere aus dem Rätsel kannst du wo treffen? Schreibe auf.

In einer Wohnung: _____

Auf einem Bauernhof: _____

_____

Im Zoo: _____

_____

Name:

Tierisch schnell sprechen

 Suche dir einen Partner. Lest euch die Zungenbrecher gegenseitig langsam vor. Steigert dann das Tempo. Wer kann den Spruch am schnellsten lesen oder aufsagen?

Fünf Ferkel fressen frisches Futter.

Esel essen Nesseln nicht, Nesseln essen Esel nicht.

Fischers Fritz fischt frische Fische. Frische Fische fischt Fischers Fritz.

Zehn zahme Ziegen zogen zehn Zentner Zucker zum Zoo.

Häschen Hoppel hoppelt hinterm Hühnchen her.

Nachbars Hund heißt Kunterbunt. Kunterbunt heißt Nachbars Hund.

Die Katze tritt die Treppe krumm.

Wenn dein Dackel zu meinem Dackel noch mal „Dackel" sagt, kriegt dein Dackel von meinem Dackel so eine gedackelt, dass dein Dackel zu meinem Dackel nie mehr „Dackel" sagt.

Name:

Weißt du, wie der Hase läuft?

 In vielen Redewendungen kommen Tiere vor. Verbinde jede Redewendung mit der passenden Bedeutung.

Sie sind wie Hund und Katze.	• •	Etwas ist nicht weit entfernt.
Sie steht mit den Hühnern auf.	• •	Er verrät ein Geheimnis.
Er lässt die Katze aus dem Sack.	• •	Sie vertragen sich nicht und streiten viel.
Es ist nur ein Katzensprung.	• •	Er ist nicht wie alle anderen, deshalb ist er ein Außenseiter.
Er weiß, wie der Hase läuft.	• •	Sie steht sehr zeitig auf.
Er ist das schwarze Schaf in der Gruppe.	• •	Er benimmt sich sehr ungeschickt.
Er benimmt sich wie ein Elefant im Porzellanladen.	• •	Er kennt sich besonders gut aus.

 Wie sind die Redewendungen wohl entstanden? Suche dir zwei Beispiele aus und erkläre.

_____

_____

_____

_____

Name:

Heimtiere und Nutztiere (1)

 Welche Tiere passen zu den Abbildungen in der Mitte? Vermute zuerst.
Fahre dann die Linien farbig nach.

Heimtiere und Nutztiere (2)

 Schreibe die Wörter aus dem Kasten an die richtigen Stellen im Text.

Kuh   Hund   Huhn   Schaf   Wellensittich

Pferd

Kaninchen   Katze   Schwein   Fisch

Schon vor vielen tausend Jahren begannen die Menschen, bestimmte Tiere nicht mehr nur

zu jagen, sondern selbst zu züchten und in der Nähe ihres Hauses zu halten. Diese Tiere

nennt man Haustiere. Je nachdem, ob sie wegen ihres Nutzens oder zum Vergnügen

gezüchtet werden, heißen sie Nutztiere oder Heimtiere. Rind, Schwein, Pferd, Schaf und

Huhn nennt man Nutztiere, da der Mensch ihre Produkte oder ihre Muskelkraft nutzt:

Die ☐ gibt zum Beispiel Milch, das ☐ legt Eier und aus der Wolle vom

☐ wird Kleidung hergestellt. Kuh, ☐,

Huhn und Schaf dienen auch als Fleischlieferant. Das ☐

hingegen ist besonders als Arbeitstier wichtig. Es wird zum Ziehen

von Wagen und zum Tragen schwerer Gegenstände oder als Reittier genutzt.

Typische Heimtiere sind ☐, ☐, ☐,

☐ und ☐. Als Freund und Spielgefährte

leben sie zusammen mit dem Menschen in dessen Wohnung oder Haus –

also im „Heim" eines Menschen. Daher kommt auch die Bezeichnung Heimtier.

Wer macht was?

 Wer macht was? Schneide die Verben aus und ordne sie dem richtigen Tier zu.

✂

bellen	piepen	hoppeln	maunzen
zwitschern	schleichen	schnurren	tschilpen
nagen	knabbern	kläffen	fauchen
miauen	klettern	jaulen	fliegen
winseln	mümmeln	pfeifen	kratzen

2. Kapitel: Heimtiere

Vorbemerkung

Das Kapitel beschränkt sich auf die beliebtesten Heimtiere Hund, Katze, Kaninchen, Wellensittich und Fisch. Zwar sind in den vergangenen Jahren auch einige Reptilienarten als Heimtiere in Mode gekommen, doch sind sie insbesondere für Kinder weniger geeignet, da eine artgerechte Haltung sehr aufwendig ist und Fachwissen erfordert.

Einleitend wird in diesem Kapitel das Thema Tierhaltung zu Hause ganz allgemein aufgegriffen. Ein Sachtext mit grundlegenden Informationen zu Haltung und Pflege von Hunden, Katzen, Kaninchen, Wellensittichen und Fischen, ein Heimtier-Check und ein Rechercheprojekt zu Anschaffungs- und Folgekosten bieten den Schülern eine erste Orientierung, was bei der Wahl des geeigneten Heimtiers bedacht werden sollte.

Daran schließen sich Kopiervorlagen zu den einzelnen Tierarten an, mithilfe derer sich verschiedene Bereiche wie Körperbau, Abstammung, Rassen, Unterbringung, Haltung und Pflege erarbeiten lassen.

Zur Wiederholung und Festigung des Gelernten bieten sich verschiedene Spiele an (Würfelspiel, Fragepuzzles, Suchspiel) sowie der Einsatz der Freiarbeitsmaterialien. Diese beziehen sich auf die Kopiervorlagen zu den einzelnen Tierarten, greifen die dort vermittelten Inhalte noch einmal auf und ergänzen sie spielerisch. Die Arbeitsblätter sind zur selbstständigen Bearbeitung durch die Schüler gedacht und lassen sich deshalb hervorragend im Rahmen eines Lernzirkels oder als Hausaufgabe einsetzen.

Lehrplanbezug

Deutsch
- Tiersteckbrief schreiben
- Sachtexte lesen und verstehen
- Zuordnungen (Wort / Bild – Text, Überschriften, Kategorien)
- Lückentexte ergänzen

Sachunterricht
- Bedingungen für die Haltung eines Heimtiers
- Körperbau
- Abstammung
- Verschiedene Rassen
- Lebensgewohnheiten
- Nahrung, Pflege, artgerechte Unterbringung
- Aufgaben eines Heimtierbesitzers
- Tierschutz

Ein Tier bei uns zu Hause

Fast jedes Kind wünscht sich ein eigenes Tier. Aber welches Tier ist das richtige? Die folgenden Kopiervorlagen geben einen kurzen Überblick über die Anforderungen, die das Halten von Hund, Katze, Kaninchen, Wellensittich und Fisch an seinen Besitzer stellt. Des Weiteren sensibilisieren ein Heimtier-Check und eine Rechercheaufgabe zu den Anschaffungs- und Unterhaltskosten ihres Lieblingstiers die Kinder für die Frage, ob ihr Wunschtier als Heimtier für ihre Familie geeignet ist.

 Mein Lieblingsheimtier

KV Seite 27

Unabhängig davon, ob die Kinder bereits ein eigenes Heimtier besitzen oder noch auf die Erfüllung ihres Wunsches warten – ein Lieblingsheimtier haben alle! Dieses können sie mithilfe des Steckbriefs den anderen Kindern der Klasse vorstellen. Dabei geht es noch nicht darum, spezielle Informationen zu recherchieren, vielmehr soll über die subjektiven Eindrücke das Vorwissen der Schüler aktiviert werden. Die Präsentation ihres Lieblingstiers weckt die Neugier der anderen Kinder und macht Lust darauf, mehr über dieses Tier zu erfahren. Alle Steckbriefe können gesammelt und in der Klasse aufgehängt werden.

 Verschiedene Heimtiere

KV Seite 28

Fragen Sie die Kinder nach der Motivation für ihren Wunsch nach einem Heimtier. Was erwarten sie von ihrem neuen Spielgefährten? Drehen Sie dann die Frage um und sprechen Sie die Bedürfnisse der Tiere an. So wird schnell deutlich, dass Verantwortungsbewusstsein, Zuverlässigkeit, Platz und Zeit wesentliche Voraussetzungen für die Haltung eines Tieres sind.

Anhand der kurzen Texte können sich die Kinder über ihr Lieblingsheimtier informieren. Lassen Sie sie positive Aspekte rot und negative blau unterstreichen. Anschließend wird mündlich zusammengetragen, was für oder gegen eine Haltung des einzelnen Tieres spricht. Die Argumente können an der Tafel in einer Tabelle gesammelt und durch eigene Beiträge von den Kindern ergänzt werden. Als Hausaufgabe begründen die Kinder schriftlich, welches Tier am besten zu ihnen passt.

Der Film „Mein Haustier und ich" (DVD erhältlich unter *www.fwu-mediathek.de*) vermittelt wichtige Infos zu verschiedenen Haustieren und geht auch auf Verpflichtungen ein.

KV Seite 29 **Heimtier-Check**

Mithilfe des Fragebogens überprüfen die Kinder, ob sie die Grundbedürfnisse der einzelnen Heimtiere kennen, und überlegen anschließend, ob sie bzw. ihre Familien diese erfüllen können. So finden sie heraus, welches Tier zu ihnen passt.

Lösung

X	X	(X)			benötigt viel Platz in der Wohnung
		X	X		braucht einen Käfig an einem ruhigen Ort in der Wohnung
X	(X)				benötigt eine Person, die sich besonders um das Tier kümmert
		individuelle Antworten			kann von Nachbarn / Freunden versorgt werden, wenn die Familie im Urlaub ist
X	X	X	X	X	muss täglich gefüttert werden
X					muss täglich gebürstet werden
X	X	X	X		braucht täglich Zuwendung
X	X	(X)			liebt es, gestreichelt zu werden
			X	X	lebt nicht gern allein und braucht ein Partnertier
X	X	X			braucht täglich Auslauf
X	X	X			muss regelmäßig zum Tierarzt

KV Seite 30 **Wie viel kostet ein Heimtier?**

Auch wenn die Kosten für die Anschaffung und den Unterhalt eines Tieres von den Eltern getragen werden, sollten die Kinder eine Vorstellung davon entwickeln, wie viel ihr Wunschheimtier im Monat kostet. Schicken Sie dafür Ihre Schüler auf Recherchetour in ein Zoofachgeschäft. Auch die Mitarbeiter in einem Tierheim können Auskunft geben. Eine Aufstellung der Anschaffungs- und laufenden Kosten für verschiedene Tiere bietet z. B. auch das Jugendmagazin der Verbraucherzentrale NRW unter *https://www.lizzynet.de/wws/2944804.php.*

Hund

Die längste Geschichte als Heimtier hat der Hund. Knapp 5 Millionen Hunde leben derzeit in deutschen Haushalten und gehören somit zum Lebensumfeld vieler Kinder. Trotzdem wissen die meisten nur wenig über den treuesten Gefährten des Menschen.

Um den Kindern ein Lernen mit vielen Sinnen zu ermöglichen, bietet sich eine Realbegegnung an. Mitarbeiter einer Rettungs- oder Polizeihundestaffel oder ein Hundetrainer kommen gern mit ihrem Hund zu einem Besuch in die Klasse, beantworten die Fragen der Kinder und geben ihnen Gelegenheit, selbst Erfahrungen im Umgang mit Hunden zu sammeln. Auch bei einem Unterrichtsgang zu einem Züchter, ins Tierheim oder zu einem Tierarzt können die im Unterricht besprochenen Themen aufgegriffen werden.

KV Seite 31 **Unser Hund**

Die Kinder unterstreichen in den Texten die Schlüsselwörter. So erkennen sie, dass Text A allgemeine Informationen über den Hund bietet (Bezeichnungen für die Mitglieder einer Hundefamilie, Nachwuchs, Hund in der Familie, Lebensdauer), während Text B über die Sinneswahrnehmung des Hundes informiert (Geruchs-, Hör- und Sehsinn).

Bei den angegebenen Zahlen in Text A handelt es sich um Richtwerte in Abhängigkeit von der Hunderasse.

Als Überleitung zum Arbeitsblatt „Hundeberufe" (Seite 38) können die Kinder überlegen, wie der Mensch die gute Riech- und Hörfähigkeit des Hundes nutzen kann.

Zu diesem Arbeitsblatt kann im Rahmen der Freiarbeit die KV „Unser Hund" (Seite 86) eingesetzt werden.

Lösung

Text A: Die Familie des Hundes
In einer Hundefamilie …
Die ersten acht bis zwölf Wochen …
Kommt der junge Hund …
Eine liebevolle Behandlung, …

Text B: Die Sinne des Hundes
Hunde können viel besser riechen …
Hünde hören auch …
Auch die Art, wie ein Hund seine Umwelt sieht, …

KV Seite 32 **Der Körper des Hundes**

Die auf der Kopiervorlage vorgestellten Bezeichnungen der Körperteile sind Begriffe aus der Jägersprache bzw. aus der Zoologie, die die Kinder in ihren passiven Wortschatz aufnehmen sollten.

Zu diesem Arbeitsblatt kann im Rahmen der Freiarbeit die KV „Unser Hund" (Seite 86) eingesetzt werden.

Lösung

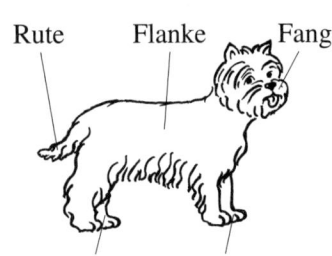

Rute   Flanke   Fang
Hinterlauf   Vorderlauf

Hund und Wolf

KV Seite 33

Bevor die Kinder die zweite Aufgabe bearbeiten, sollte das Textverständnis noch einmal mündlich überprüft werden. Anschließend suchen leistungsstärkere Schüler aus dem Text die Informationen zum Wolf selbstständig heraus, rekapitulieren ausgehend davon die Merkmale des Hundes und tragen diese in die Tabelle ein. Als Hilfe für leistungsschwächere Schüler können Sie die Tabelle an die Tafel übernehmen und sie zusammen mit den Kindern ausfüllen. Ein Blick auf die KV „Unser Hund" (Seite 31), „Der Körper des Hundes" (Seite 32) und „Viele verschiedene Hunde" (Seite 34) hilft zusätzlich.

Zu diesem Arbeitsblatt kann im Rahmen der Freiarbeit die KV „Hund und Wolf" (Seite 87) eingesetzt werden.

Lösung

Aufgabe 1:
Hund und Wolf – Aussehen – Lebensweise – Nahrung

Aufgabe 2:

	Wolf	Hund
Aussehen	• Schulterhöhe von 50 bis 100 cm • Farbe des Fells: weiß, cremefarben, gelblich, rötlich, grau oder schwarz	• je nach Rasse unterschiedliche Größe und Fellfarbe
Lebensweise	• lebt im Wald • selten allein, meist in einem Rudel (Familie) • der klügste Wolf ist der Leitwolf • Wölfin bekommt einmal im Jahr Junge • verständigt sich durch Heulen und Körpersprache	• lebt in einem Haus / einer Wohnung oder einer Hundehütte • lebt beim Menschen, das „Rudel" ist die Familie • das „Herrchen" oder „Frauchen" ist der „Leitwolf" • Hündin kann zweimal im Jahr Junge bekommen • verständigt sich durch Bellen und Körpersprache
Ernährung	• Rudel jagt gemeinsam, z. B. Elche, Hirsche, Schafe, Wildschweine, Biber, Hasen und Eichhörnchen • frisst auch Waldbeeren	• bekommt Futter vom Menschen (meist Dosen- oder Trockenfutter)

Viele verschiedene Hunde

KV Seite 34

Als weiterführende Aufgabe können einzelne Hunderassen beschrieben werden. Bringen Sie dazu möglichst farbige Hundebilder mit in den Unterricht oder lassen Sie die Kinder Bilder ihres Lieblingshundes mitbringen. Die Schüler beschreiben die Hunde zunächst mündlich und gehen dabei z. B. auf die Größe des Hundes sowie Farbe, Länge und Beschaffenheit des Fells ein. Als Hausaufgabe verfasst jedes Kind einen kurzen Sachtext und malt oder klebt ein Bild dazu.

Zu diesem Arbeitsblatt kann im Rahmen der Freiarbeit die KV „Hunderassen-Domino" (Seite 88) eingesetzt werden.

Lösung

West Highland Terrier   Deutscher Schäferhund   Pudel

Golden Retriever   Dackel   Yorkshire Terrier

Dalmatiner   Collie   Bernhardiner

Was braucht ein Hund?

KV Seite 35

Fragen Sie die „Hundebesitzer" aus Ihrer Klasse, welche Dinge man zur Pflege und zur Haltung eines Hundes braucht. Sammeln Sie die Antworten der Kinder an der Tafel in Form einer Mindmap. Teilen Sie das Arbeitsblatt zur Sicherung als Hausaufgabe aus.

Zu diesem Arbeitsblatt kann im Rahmen der Freiarbeit die KV „Was braucht ein Hund?" (Seite 89) eingesetzt werden.

Lösung

<u>HALSBAND</u> BETT <u>BÜRSTE</u> <u>LEINE</u> LINEAL <u>SHAMPOO</u> FERNSEHER BRILLE <u>FRESSNAPF</u> BLUMENVASE <u>KAMM</u> <u>KAUKNOCHEN</u> SPIEGEL <u>STOFFTIER</u> BUCH <u>BALL</u> GABEL MAUS BLUMEN <u>HUNDEKORB</u> <u>WASSERNAPF</u> WASSERHAHN TELEFON

Aufgaben eines Hundebesitzers

KV Seite 36
Heften Sie ein Hundebild an die Tafel und malen Sie ein lachendes und ein weinendes Strichgesicht rechts und links neben das Bild. Fragen Sie die Kinder, was ein Hund braucht (siehe KV „Was braucht ein Hund?", Seite 35) und was er gern macht bzw. was ihm nicht gut tut. Notieren Sie die Antworten der Kinder stichpunktartig an der Tafel und lassen Sie ausgehend davon anschließend die Aufgaben eines Hundebesitzers ableiten. Zur Überprüfung und Ergänzung wird die Kopiervorlage eingesetzt. Welche Aufgaben übernehmen die Kinder gern, welche weniger gern?

Zu diesem Arbeitsblatt kann im Rahmen der Freiarbeit die KV „Aufgaben eines Hundebesitzers" (Seite 90) eingesetzt werden.

Verstehst du deinen Hund?

KV Seite 37
Hunde verfügen über eine sehr deutliche Körpersprache. Lassen Sie die Kinder ausprobieren, wie sich verschiedene Gefühle und Tätigkeiten allein mit dem Körper ausdrücken lassen. Verteilen Sie dafür an einzelne Kinder Kärtchen mit entsprechenden Begriffen (z.B. fröhlich/traurig/aufgeregt/müde sein, Angst/Schmerzen haben, einem Geräusch lauschen …). Lassen Sie diese pantomimisch darstellen. Die Mitschüler raten.

Nach der Bearbeitung der Kopiervorlage überlegen sich die Schüler Situationen, in denen ein Hund warnt, angreift, sich verteidigt oder sich unterordnet. Sprechen Sie in diesem Zusammenhang über das richtige Verhalten gegenüber Hunden. Die Ergebnisse können auf ein Plakat geschrieben und im Klassenraum aufgehängt werden.

Vor allem kleinere Kinder haben oft Angst vor Hunden. Der Besuch in einer Welpenspielgruppe kann dazu beitragen, diese zu überwinden.

Wiederholen Sie gegebenenfalls die Bezeichnungen für die Körperteile der Hunde (siehe KV „Der Körper des Hundes", Seite 32).

Zu diesem Arbeitsblatt kann im Rahmen der Freiarbeit die KV „Verstehst du deinen Hund?" (Seite 91) eingesetzt werden.

Lösung
Vorderläufe, Hinterläufe, Rute, Rücken

Richtiger Umgang mit fremden Hunden
Erst den Besitzer fragen, dann den Hund streicheln: Kinder, die selbst einen Hund besitzen, haben oft keine Scheu vor fremden Hunden. Aber nicht jeder Hund reagiert freudig auf stürmische Umarmungen.

Deshalb immer erst den Besitzer fragen, ob man den Hund streicheln darf. Lehnt der Besitzer ab, muss das Kind dies akzeptieren. Ist kein Hundebesitzer in Sicht, sollte das Kind sicherheitshalber keinen Kontakt mit dem Hund haben.

Den Hund nicht überraschen: Einem Hund sollte man sich immer von vorne nähern. Andernfalls kann er erschrecken, sich schnell umdrehen – und so wiederum das Kind erschrecken.

Richtig streicheln: Erlaubt der Hundebesitzer das Tier zu streicheln, sollte man zuerst die Hand ausstrecken, damit der Hund sie beschnuppern kann, und erst dann dem Hund sanft über den Kopf streicheln. Viele Hunde mögen es, wenn man sie hinter den Ohren krault. Der Hund sollte die Bewegungen des Kindes immer sehen können.

Ruhig bleiben: Kinder, die Angst vor Hunden haben, starren Hunde oft an, springen unvermutet zur Seite, verstecken sich hinter einem Erwachsenen – und machen den Hund dadurch neugierig. Um die Aufmerksamkeit des Hundes nicht auf sich zu ziehen, ist es am besten, sich ruhig wegzudrehen und dem Hund nicht in die Augen zu sehen. Keinesfalls sollte man laut schreiend weglaufen, wenn ein Hund angerannt kommt. Das weckt den Jagdeifer des Hundes. Die Situation kann nur entschärft werden, wenn das Kind bewegungslos stehen bleibt und nicht mehr schreit. Fällt ein Kind beim Weglaufen hin, sollte es ruhig liegen bleiben und die Arme schützend um den Hals legen, bis der Hund wegläuft oder Hilfe kommt.

Hundeberufe

KV Seite 38
Ob sich ein Hund für einen bestimmten „Beruf" eignet, hängt in der Regel mehr von seinen individuellen Eigenschaften ab als von der Rasse. Erinnern Sie die Kinder als Einstieg an die besonderen Fähigkeiten, die ein Hund hat. Wie können diese genutzt werden? Knüpfen Sie an das Vorwissen der Kinder an (siehe auch KV „Unser Hund", Seite 31). Wenn den Schülern keine Hundeberufe einfallen, zeigen Sie als Anregung Zeichnungen oder Bilder von Hunden bei der Ausübung ihrer Arbeit (aus dem Internet oder aus Zeitschriften). Schreiben Sie die von den Kindern genannten Berufe an die Tafel bzw. hängen Sie entsprechende Bilder auf. Verteilen Sie anschließend das Arbeitsblatt. Alternativ übertragen Sie die Aufgaben und Berufsbezeichnungen der Hunde auf einzelne Kärtchen, die die Kinder dann entsprechend zuordnen. Anschließend können sie die Kärtchen aufkleben und ein passendes Bild dazumalen.

Katze

Schon bei den alten Ägyptern wurden Katzen als Gottheiten verehrt, in China als kostbares Luxusgeschöpf gehalten und auch bei uns stehen sie in der Beliebtheitsskala der Heimtiere ganz weit oben.

Auch hier bietet sich eine Realbegegnung an: Ein Katzenbesitzer kommt mit seinem Tier in die Schule, ein Tierheim oder ein Katzenzüchter wird besucht.

 Der Körper der Katze
KV Seite 39

Die Merkmale der Hauskatze sind je nach Verbreitungsgebiet unterschiedlich, bei den gezüchteten Formen sind sie zudem von den Rassestandards abhängig. Die auf der Kopiervorlage angegebenen Maß- und Gewichtsangaben sind somit nur Mittelwerte.

Anknüpfend an die Besprechung des Körperbaus einer Katze bietet die KV „Auf Beutejagd" (Seite 44) den Kindern die Möglichkeit zu erfahren, wie die Katze ihren Körper bei der Jagd einsetzt.

Zu diesem Arbeitsblatt kann im Rahmen der Freiarbeit die KV „Der Körper der Katze" (Seite 92) eingesetzt werden.

Lösung
Aufgabe 2:

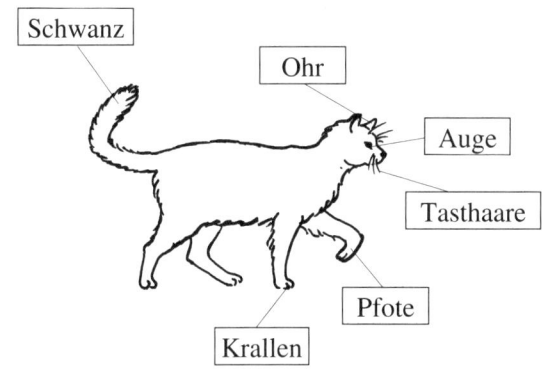

 Hauskatze und Falbkatze
KV Seite 40

Die Abstammung der Hauskatze von der Falbkatze ist erst seit Kurzem nachgewiesen. Aufgrund ihrer im Gegensatz zur Steppenkatze und zur Waldkatze wenig aggressiven Art eignete sie sich besonders gut für das Zusammenleben mit den Menschen, sodass sie bereits im Alten Ägypten (ab 5000 v. Chr.) als Heimtier gehalten wurde.

Falbkatzen sind auf dem afrikanischen Kontinent mit Ausnahme der Wüstenregionen und der tropischen Regenwälder beheimatet, außerdem findet man sie auf Sizilien und Sardinien. Sie sind im Washingtoner Artenschutz-

Übereinkommen gelistet. Der Handel mit Falbkatzen ist damit stark eingeschränkt. Im Gegensatz zu anderen Katzenarten droht der Falbkatze die größte Gefahr jedoch weder durch den Menschen noch durch den Rückgang des Lebensraums, sondern durch die häufige Vermischung mit verwilderten Hauskatzen.

Zu diesem Arbeitsblatt kann im Rahmen der Freiarbeit die KV „Hauskatze und Falbkatze" (Seite 93) eingesetzt werden.

Lösung

Aussehen:	• kurzes, sandfarbenes Fell
	• schlanker Körper
	• Länge vom Kopf bis zum Schwanzansatz: 50 cm
	• Schwanzlänge: 25 cm
Lebensweise:	• Raubkatze, die dort lebt, wo sie Beute und Schlafplatz findet
	• lebt die meiste Zeit des Jahres allein
	• Männchen und Weibchen treffen sich nur zur Paarung
	• geht erst abends auf die Jagd
Ernährung:	• jagt kleine Nagetiere, Vögel, Echsen, Skorpione
	• frisst manchmal auch größere Insekten

 Viele verschiedene Katzen
KV Seite 41

Die aus der Hauskatze gezüchteten Katzenrassen sind einander deutlich ähnlicher als z. B. Hunderassen, da die Katze im Gegensatz zu den vielfältigen Aufgabenbereichen eines Gebrauchshundes (z. B. Jagdhund, Hütehund, Wachhund – siehe KV „Hundeberufe", Seite 38) eigentlich nur zwei Aufgaben hat: Mäuse zu fangen oder Gesellschafter des Menschen zu sein. Die Notwendigkeit für extrem unterschiedliche Rassen ergab sich deshalb nicht. Die Kombination eines rassetypischen Äußeren mit bestimmten für diese Rasse typischen Wesenszügen sorgt trotzdem dafür, dass jede Katzenrasse einmalig ist. Extreme Züchtungen können jedoch die Gesundheit der Tiere beeinträchtigen. Beispiele für diese unter tierschutzrechtlichen Gesichtspunkten (§ 11b des deutschen Tierschutzgesetzes) bedenklichen Züchtungen sind die oft auftretende Taubheit bei weißen Katzen und die sogenannten „Rassenmerkmale" wie Schwanzlosigkeit und Kurzschwänzigkeit, gefaltete oder gekräuselte Ohren, die Haarlosigkeit und die Verkürzung der Gliedmaßen. Thematisieren Sie dies anhand des Bildes der Perserkatze. Erklären Sie, dass Tiere dieser Rasse durch ihren besonders breiten, runden Kopf und die stark verkürzte Nase u. a. unter Atem- und Kieferproblemen sowie tränenden Augen leiden.

Lösung

Langhaarkatze   Kurzhaarkatze   Kurzhaarkatze
               Plumptyp   Schlanktyp

 KV Seite 42

Was braucht eine Katze?

Schreiben Sie die Frage an die Tafel und sammeln Sie die Ideen der Kinder in Form einer Mindmap. Vielleicht gibt es auch in Ihrer Klasse „Katzenbesitzer", die berichten können, welche Dinge eine Katze braucht, um sich wohlzufühlen. Ergänzend dazu bearbeiten die Kinder anschließend die Kopiervorlage und trainieren dabei die selektive Lesetechnik.

Zu diesem Arbeitsblatt kann im Rahmen der Freiarbeit die KV „Was braucht eine Katze?" (Seite 94) eingesetzt werden.

KV Seite 43

Verstehst du deine Katze?

Die Kommunikationsfähigkeit einer Katze beschränkt sich nicht auf Schnurren und Miauen, vielmehr nutzt sie Laute, Gesten, Mimik und redet mit Ohren, Maul und Schwanz.

Lassen Sie die Schüler selbst ausprobieren, wie man sich allein durch Mimik und Gestik mitteilen kann (siehe dazu Hinweise zur KV „Verstehst du deinen Hund?" auf Seite 36).

Zu diesem Arbeitsblatt kann im Rahmen der Freiarbeit die KV „Verstehst du deine Katze?" (Seite 95) eingesetzt werden.

Lösung

   Hat die Katze Angst …

   Fühlt sich die Katze …

   Sträubt die Katze die Haare …

    Möchte die Katze spielen …

   Klemmt die Katze ihren Schwanz …

KV Seite 44

Auf Beutejagd

Der Jagdtrieb einer Katze ist angeboren. Auch Katzen, die über Jahre hinweg in einer Wohnung gehalten wurden, beherrschen die Technik des Jagens. Den Jagderfolg verzögern sie manchmal, indem sie mit ihrer Beute spielen, bevor sie sie – wenn überhaupt – mit ihren spitzen Eckzähnen durch einen Biss in den Nacken töten.

Auslöser für die Jagd ist meistens die Bewegung eines kleinen Tieres oder Gegenstands am Boden in Reichweite der Katze. Das kann eine Maus oder einfach ein Papierball sein. Bietet sich längere Zeit kein Auslöser an, beginnt die Katze nach einem passenden Ersatz zu suchen und springt statt nach einer Maus z. B. nach einer Kugel am Weihnachtsbaum.

Lösung

Aufgabe 2:

③ springen   ① anschleichen

④ greifen   ② lauern

Kaninchen

Kinder lieben Kaninchen, weil sie ein kuschelig weiches Fell haben und sich gerne streicheln lassen. Häufig werden Kaninchen und Hasen jedoch verwechselt. Aber auch wenn mittlerweile manche Kaninchen durch Zucht den Hasen in Körperbau und Aussehen sehr ähneln, sind die beiden Tiere nicht miteinander verwandt. Vielmehr werden als Kaninchen mehrere Gattungen aus der Familie der Hasen bezeichnet.

KV Seite 45

Der Körper des Kaninchens

Aufgrund der häufigen Verwechslung von Kaninchen und Hasen lohnt es sich, in Verbindung mit den Körperteilen kurz auf die Unterschiede zwischen beiden Tieren einzugehen. So ist der Körper eines Kaninchens eher rundlich und gedrungen. Beine und Ohren sind kürzer als beim Hasen. Hasen sind groß und schlank, haben sehr lange Läufe und ihre Ohren sind länger als ihr Kopf.

Zu diesem Arbeitsblatt kann im Rahmen der Freiarbeit die KV „Der Körper des Kaninchens" (Seite 96) eingesetzt werden.

Lösung

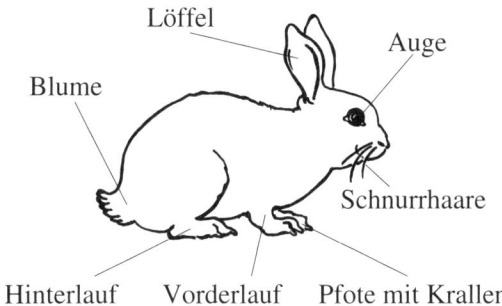

Löffel

Auge

Blume

Schnurrhaare

Hinterlauf   Vorderlauf   Pfote mit Krallen

 KV Seite 46 **Hauskaninchen und Wildkaninchen**

Anknüpfend an die Lebensweise der Wildkaninchen kann zusätzlich der Unterschied zum Hasen thematisiert werden: Im Gegensatz zu den Kaninchen sind Hasen Einzelgänger und kommen nur zur Paarung mit Artgenossen zusammen. Hasen leben auf offenen Weiden, Steppen oder Feldern. Tagsüber schlafen sie in kleinen Mulden (Sassen), nachts gehen sie, wie auch die Kaninchen, auf Nahrungssuche.

Zu diesem Arbeitsblatt kann im Rahmen der Freiarbeit die KV „Hauskaninchen und Wildkaninchen" (Seite 97) eingesetzt werden.

Lösung

Wildkaninchen ...	richtig	falsch
haben ein weißes Fell, einen braunen Bauch und einen rostroten Schwanz.		X
leben nicht allein.	X	
wohnen in Erdhöhlen.	X	
sind dämmerungsaktiv.	X	
trommeln mit den Hinterläufen, wenn sie sich freuen.		X
sind Pflanzenfresser.	X	
fressen häufig Gemüse und Obst.		X

 KV Seite 47 **Viele verschiedene Kaninchen**

Schon die Römer schätzten Kaninchen als Fleischlieferanten. Sie fingen wilde Kaninchen und hielten sie in Kleingehegen. Im frühen Mittelalter begannen französische Mönche, aus Wildkaninchen Hauskaninchen zu züchten. Neben Fleisch lieferte das Kaninchen auch Fell (als Imitation für edlere Pelze) oder Wolle, was dazu führte, dass größere Tiere sowie Tiere in bestimmten Farbschlägen bzw. mit längerem Fell gezüchtet wurden. Heute wird die Kaninchenzucht vor allem als Hobby betrieben.

Lösung

Deutscher Widder   Farbenzwerg   Rexkaninchen   Angorakaninchen

 KV Seite 48 **Was braucht ein Kaninchen?**

Auf der Kopiervorlage werden neben entsprechendem Futter verschiedene Gegenstände vorgestellt, die ein Kaninchen zum Wohlfühlen braucht. Ausgehend davon, dass Wildkaninchen in der freien Natur in Gruppen zusammenleben (siehe KV „Hauskaninchen und Wildkaninchen", Seite 46), kann im Unterrichtsgespräch ergänzt werden, dass immer mindestens zwei Kaninchen gemeinsam gehalten werden sollten, da sie ihren Artgenossen gegenüber ein sehr ausgeprägtes Sozialverhalten haben: Sie putzen sich gegenseitig, spielen miteinander und geben sich dadurch Sicherheit. Ein Meerschweinchen ist aufgrund seiner anderen Lebensweise kein Ersatz für einen Artgenossen.

Zu diesem Arbeitsblatt kann im Rahmen der Freiarbeit die KV „Was braucht ein Kaninchen?" (Seite 98) eingesetzt werden.

Lösung

Käfig, Stroh, Häuschen, Trinkflasche, Heu, Löwenzahn, Karotten, Brot

 KV Seite 49 **Aufgaben eines Kaninchenbesitzers**

Nicht jede Information in einem Text ist gleich wichtig. Deshalb sollten die Kinder bereits beizeiten lernen, einen Text effektiv zu lesen. Anhand des Arbeitsblatts werden das selektive Lesen und damit zusammenhängende Lesetechniken (z. B. Schlüsselwörter finden, farbige Markierung relevanter Passagen) geübt. Die Kinder lesen die Fragen, unterstreichen jeweils relevante Textpassagen mit verschiedenen Farben und formulieren zum Schluss die Antworten möglichst mit eigenen Worten.

Mögliche Lösung

Rot: Futter und frisches Wasser geben, die Toilettenecke im Stall säubern, Auslauf ermöglichen

Blau: Schmutz am Fell mit Wasser und einem Tuch abwischen, langes Fell bürsten

Grün: Auslauf ermöglichen, Tier beschäftigen (Buddelkiste, Karton oder Ast zum Spielen), Tier mit einem anderen Kaninchen zusammen halten

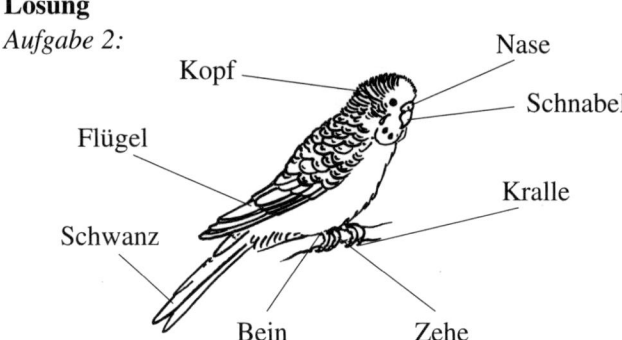

KV Seite 50 **Verstehst du dein Kaninchen?**

Über die auf der Kopiervorlage dargestellten visuellen Signale hinaus verständigen sich Kaninchen untereinander auch durch Duftstoffe und Laute. Das Absetzen von Duftstoffen dient vor allem der Besitz- bzw. Revierkennzeichnung. Klopfen mit den Hinterpfoten signalisiert Erregung und Stress, kann aber auch als Warnung für die anderen Gruppenmitglieder oder als Abschreckung dienen. Als Drohgebärde knurrt das Kaninchen. Dieses Geräusch darf aber nicht mit dem Laut verwechselt werden, mit dem es Zufriedenheit und Wohlbefinden ausdrückt.

Zu diesem Arbeitsblatt kann im Rahmen der Freiarbeit die KV „Verstehst du dein Kaninchen?" (Seite 99) eingesetzt werden.

Lösung

Sitzt ein Kaninchen wie erstarrt und stellt die Ohren steil nach oben,	Ein Kaninchen, das Angst hat,	Das Kaninchen legt sich hin und schließt die Augen,

dann hat es sich erschrocken.

rennt weg und versteckt sich.

wenn es sich ausruhen möchte.

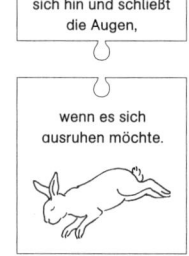

Hat ein Kaninchen Stress,	Wenn das Kaninchen sich aufrichtet,

dann klopft es mit den Hinterläufen auf den Boden.

ist es neugierig und möchte sich umschauen.

Wellensittich

Der Wellensittich ist bei Kindern durch sein munteres Wesen und seine Art, schnell zutraulich zu werden, sehr beliebt und kommt auch für Kinder mit einer Tierhaarallergie als Heimtier infrage. Andererseits sollte man sich vor der Anschaffung eines Wellensittichs bewusst sein, dass er kein typisches Heim- und Schmusetier ist und naturbedingt gewisse Anforderungen an seine Umwelt stellt. Zu bedenken ist auch, dass Wellensittiche bis zu 15 Jahre alt werden können.

KV Seite 51 **Der Körper des Wellensittichs**

Die Kinder lesen den kurzen Sachtext und unterstreichen alle Körperteile, die im Text genannt werden. Anschließend tragen sie die Begriffe aus der zweiten Aufgabe an den entsprechenden Stellen des Bildes ein und malen den Wellensittich aus.

Lösung
Aufgabe 2:

Kopf — Nase — Schnabel — Flügel — Kralle — Schwanz — Bein — Zehe

KV Seite 52 **Viele verschiedene Wellensittiche**

Der Wellensittich stammt ursprünglich aus Australien, von wo aus ihn Seeleute erstmals um 1830 nach Europa brachten. Aufgrund der großen Nachfrage wurden in den folgenden Jahren viele Tausende dieser Vögel importiert. Allerdings überlebten die Wellensittiche die langen Seereisen häufig nicht und die australische Regierung verbot bald den Export dieser Vögel. Schon früh wurde deshalb damit begonnen, Wellensittiche zu züchten. Die Massenzucht offenbarte das Mutationspotenzial der Wellensittiche. Während sich britische Züchter auf die Zucht größerer Vögel konzentrierten, spezialisierten sich deutsche Züchter auf verschiedene Farbschläge. Durch die Aufnahme der „Engländer" in die deutsche Zucht ist nun auch der deutsche Wellensittich größer als sein frei lebender australischer Artgenosse und sein Gefieder kann verschiedene Farben und Muster aufweisen.

Zu diesem Arbeitsblatt kann im Rahmen der Freiarbeit die KV „Viele verschiedene Wellensittiche" (Seite 100) eingesetzt werden.

KV Seite 53 **Was braucht ein Wellensittich?**

Mithilfe dieser Kopiervorlage üben die Kinder das selektive Lesen. Als Markierungstechnik wird das Unterstreichen geübt. Zur Sicherung tragen die Schüler die Wörter anschließend in das Wortgitter ein. Das grau unterlegte Wort dient neben den Kästchen als Hilfestellung für den korrekten Eintrag.

Zu diesem Arbeitsblatt kann im Rahmen der Freiarbeit die KV „Was braucht ein Wellensittich?" (Seite 101) eingesetzt werden.

Lösung

Aufgabe 2:

```
              1.→ W A S S E R S P E N D E R
          2.→ F U T T E R N A P F
          3.→ V O G E L S A N D
                  4.→ G L Ö C K C H E N
                  5.→ G E M Ü S E
              6.→ K Ö R N E R M I S C H U N G
          7.→ S E P I A S C H A L E
                  8.→ K Ä F I G
              9.→ O B S T
        10.→ G R Ü N F U T T E R
                  11.→ S P I E G E L
      12.→ B A D E H Ä U S C H E N
                  13.→ H I R S E K O L B E N
```

Aufgaben eines Wellensittichbesitzers

KV Seite 54

Neben einer ausgewogenen Ernährung und dem Freiflug ist die Sauberkeit des Käfigs ein Punkt, dem ein Wellensittichbesitzer Beachtung schenken sollte. Keime und Bakterien können sehr schnell zu Krankheiten führen, die für ein so kleines Tier wie den Wellensittich tödlich enden können.

Zu diesem Arbeitsblatt kann im Rahmen der Freiarbeit die KV „Aufgaben eines Wellensittichbesitzers" (Seite 102) eingesetzt werden.

Lösung

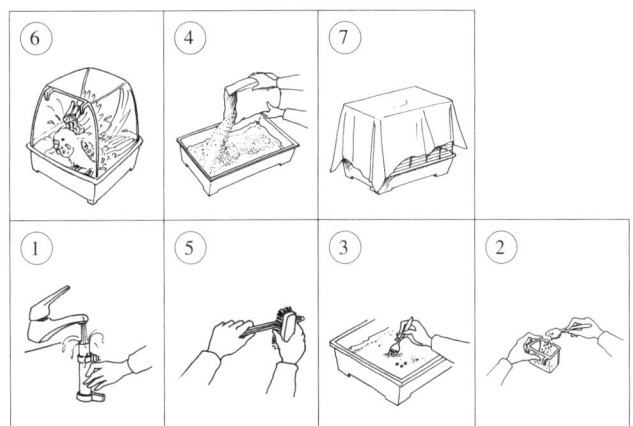

Verstehst du deinen Wellensittich?

KV Seite 55

Die Wort-Bild-Zuordnung unterstützt die selbstständige Erschließung unbekannter Wörter und damit das sinnerfassende Lesen. Die vorgegebenen Stichpunkte dienen als Strukturierungshilfe beim Formulieren der Sätze. Beim Schreiben können die Kinder darauf achten, wie sich die Buchstabenformen der in Druckschrift geschriebenen Stichpunkte von ihren eigenen, in verbundener Schrift notierten Sätzen unterscheiden (Schräglage, Buchstabenverbindungen).

Zu diesem Arbeitsblatt kann im Rahmen der Freiarbeit die KV „Verstehst du deinen Wellensittich?" (Seite 103) eingesetzt werden.

Lösung

Aufgabe 1:

will schlafen   fühlt sich wohl   hat Angst

möchte angreifen   ist krank

Aufgabe 2:

Wenn der Wellensittich schlafen will, dann dreht er seinen Kopf nach hinten und versteckt ihn im Gefieder. – Wenn sich der Wellensittich wohlfühlt, dann sitzt er auf einem Bein und plustert sich dick auf. – Wenn der Wellensittich Angst hat, dann richtet er sich auf und macht sich ganz dünn. – Wenn der Wellensittich angreifen möchte, dann sträubt er das Gefieder und öffnet den Schnabel zum Hacken. – Wenn der Wellensittich krank ist, dann sieht er dünn aus, spreizt sein Gefieder und beißt in die Luft.

Fisch

Fische haben einen klar umgrenzten Lebensraum und lassen sich relativ einfach artgerecht halten. Im Gegensatz zu anderen Heimtieren machen sie keinen Lärm, müssen nicht ausgeführt werden, nagen nichts an oder zerkratzen die Einrichtung und können auch mal ein paar Tage allein gelassen werden. Die Schwimmbewegungen der meist sehr farbenfrohen Tiere wirken zudem beruhigend auf Kinder. Nicht nur für Personen mit einer Tierhaarallergie sind Fische deshalb eine gute Alternative zu Hund, Katze oder Kaninchen. Vor dem Kauf sollte allerdings bedacht werden, dass sie sich nicht als Schmusetier eignen.

Der Körper des Fisches

KV Seite 56

Beginnen Sie mit dem Puzzle. Die Kinder können so ihr Vorwissen über das Aussehen eines Fisches aktivieren. Bereiten Sie die zweite Aufgabe vor, indem Sie im Unterrichtsgespräch klären, wo sich bei dem aufgeklebten Fisch Bauch, Brust, Rücken und Schwanz

befinden. Anschließend lesen die Kinder den kurzen Sachtext. Nach dem Lesen können die Schüler die einzelnen Flossen und die Kiemen des Fisches mit unterschiedlichen Farben ausmalen und auch das Schuppenkleid einzeichnen. Zum Schluss schneiden sie die einzelnen Wortkärtchen aus und kleben sie entsprechend auf.

Zu diesem Arbeitsblatt kann im Rahmen der Freiarbeit die KV „Der Körper des Fisches" (Seite 104) eingesetzt werden.

Lösung

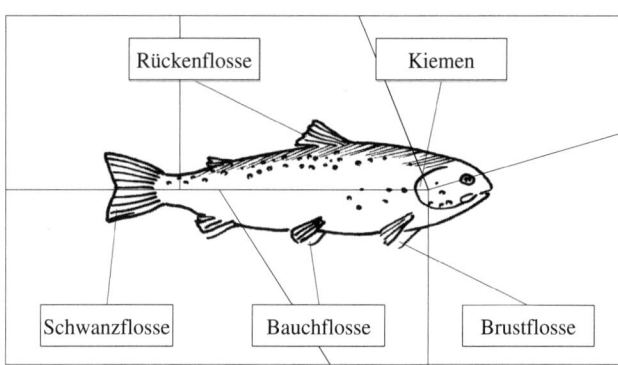

Rückenflosse · Kiemen · Schwanzflosse · Bauchflosse · Brustflosse

 KV Seite 57 · **Verschiedene Aquarienfische**
Wie die meisten in den Zoofachgeschäften verkauften Fische sind auch die auf der Kopiervorlage vorgestellten Exemplare Süßwasserfische. Welche Fische zusammen gehalten werden können, hängt von mehreren Faktoren ab, da die einzelnen Fischarten je nach ihrem natürlichen Lebensraum sehr unterschiedliche Ansprüche an das Aquarienwasser stellen. So muss z. B. neben der Temperatur auch auf den Härtegrad und den ph-Wert des Wassers geachtet werden. Wichtig ist auch, nur solche Fische zu vergesellschaften, die sich miteinander vertragen (Raub- und Friedfische).

Zu diesem Arbeitsblatt kann im Rahmen der Freiarbeit die KV „Alle meine Fische" (Seite 105) eingesetzt werden.

KV Seite 58 · **Mein Aquarium**
Die Einrichtung eines Aquariums variiert je nach Verhalten, Größe und Vorlieben der Fische. Die auf dem Arbeitsblatt aufgeführten Gegenstände dienen deshalb nur als Beispiel und sollen den Kindern einen Überblick über das Basisinventar geben.

 KV Seite 59 · **Aufgaben eines Aquarienbesitzers**
Dieser relativ lange Sachtext ist für Schüler mit guten Lesefähigkeiten gedacht. Als Vorentlastung der zweiten Aufgabe wird der Text zunächst einmal komplett gelesen und eventuelle Verständnisschwierigkeiten beseitigt. Beim zweiten Lesen unterstreichen die

Kinder mit verschiedenen Farben Aufgaben, die jeden Tag/jede Woche/alle paar Monate anfallen. Anschließend tragen sie anhand ihrer Markierungen die Aufgaben stichpunktartig in die Tabelle ein.

Lösung
Aufgabe 2:
jeden Tag
- kontrollieren, ob es den Fischen gut geht
- kontrollieren, ob alle technischen Geräte funktionieren
- die Fische füttern

jede Woche
- einen Teil des Wassers auswechseln
- die Scheiben reinigen

alle paar Monate
- den Filter säubern
- zu große Pflanzen zurückschneiden

Spiele

Die folgenden drei Spiele eignen sich gut dazu, die auf den Kopiervorlagen (Seite 31–59) vermittelten Lerninhalte zu wiederholen und zu festigen. Während sich das Tierwürfelspiel auf Hund, Katze, Kaninchen, Wellensittich und Fisch bezieht, können bei dem Suchspiel und den Fragepuzzles gezielt einzelne Tiere ausgewählt werden.

KV Seite 60–62 · **Suchspiel**
Das Suchspiel wird ähnlich wie Memory gespielt. Der Spielplan auf der oberen Hälfte von Seite 60 wird für alle Tiere verwendet. Kopieren Sie ihn fünfmal und laminieren Sie ihn gegebenenfalls.

Laminieren Sie dann die Spielkarten für Hund (Seite 60 unten), Katze, Kaninchen (Seite 61), Wellensittich und Fisch (Seite 62) und schneiden Sie sie aus.

Nun kann es losgehen: Immer zwei bis drei Schüler spielen zusammen. Jedes Kind erhält einen Spielplan und die Spielkarten zum gewählten Tier. Die Spielkarten aller Mitspieler werden verdeckt auf den Tisch gelegt und gemischt. Ein Kind beginnt und zieht eine Karte. Wenn diese Karte zu seinem Tier passt, darf es sie auf dem Spielplan an die richtige Stelle legen. Eine falsche Karte muss verdeckt zurückgelegt werden. Sieger ist, wer zuerst seinen Spielplan komplett hat.

Hinweis: Da es bei Kaninchen und Wellensittich bzw. bei Hund und Katze jeweils eine mögliche Übereinstimmung gibt, sollten diese Tiere nicht zusammen in einem Spiel verwendet werden.

Tierwürfelspix

KV Seite 63–69

Tierwürfelspiel

Kopieren Sie den Spielplan (Seite 64/65) und kleben Sie ihn in der Mitte zusammen. Kopieren und laminieren Sie dann die Fragekarten (Seite 66–69) sowie die Ereignis- und die Tierkarten (Seite 63) und schneiden Sie sie aus. Die Tierkarten werden offen, die anderen Karten verdeckt als Stapel auf die entsprechenden Felder des Spielplans gelegt.

Das Spiel ist für zwei bis vier Spieler gedacht. Jedes Kind benötigt einen Spielstein und stellt diesen auf das Startfeld. Im Uhrzeigersinn wird gewürfelt. Der Spieler, der an der Reihe ist, darf seinen Spielstein entsprechend der gewürfelten Augenzahl versetzen. Die Richtung ist dabei nicht vorgegeben, allerdings muss jeder Spieler während des Spiels auf jedem der fünf Tierfelder Station machen. Dort erhält er die entsprechende Tierkarte. Sieger ist, wer alle fünf Tierkarten gesammelt hat. Kommt der Spieler auf dem Weg zu einem Tierfeld auf ein Fragefeld, nimmt der rechte Nachbar entsprechend dem Symbol eine Fragekarte vom jeweiligen Stapel und liest die Frage vor. Die Lösung befindet sich ebenfalls auf der Karte, sodass die Antwort des Spielers, der am Zug ist, sofort überprüft werden kann. Wird die Frage richtig beantwortet, darf noch einmal gewürfelt werden, ansonsten ist der nächste Spieler an der Reihe. Kommt der Spieler auf ein Ereignisfeld, zieht er eine Ereigniskarte und folgt der Anweisung. Jokerkarten können eingelöst werden, wenn man eine Frage nicht beantworten kann. Mit einer Tauschkarte kann man seine Frage gegen eine andere tauschen.

KV Seite 70–78

Verschiedene Fragepuzzles

Hier finden sich sechs verschiedene Puzzles – jeweils eins zu Hund, Katze, Kaninchen, Wellensittich und Fisch sowie ein Puzzle mit Fragen zu allen Heimtieren.

Jedes Puzzle besteht aus einer Unterlage mit Fragen (Seite 70–72) und dazugehörigen Antwortkarten (Seite 73–78), gut zu erkennen am entsprechenden Tiersymbol bzw. beim Puzzle für alle Heimtiere am Symbol Fressnapf. Damit die Kinder die Möglichkeit zur Selbstkontrolle haben, ist auf der Rückseite der Antwortkarten eine Szene mit dem entsprechenden Tier abgebildet.

Schneiden Sie für das jeweilige Tier die Frageunterlage und das Antwortblatt aus. Beachten Sie beim Ausschneiden des Antwortblatts, dass Antwortkarten und Bild nicht auseinandergeschnitten, sondern nur an der äußeren gestrichelten Linie ausgeschnitten werden dürfen. Falten Sie das Blatt dann an der durchgezogenen Linie so, dass auf der einen Seite die Antworten und auf der anderen das Bild zu sehen sind. Kleben Sie die Seiten aufeinander und schneiden Sie die Antwortkärtchen einzeln aus.

Die Fragepuzzles werden in Einzelarbeit zusammengesetzt. Jedes Kind erhält eine Unterlage mit Fragen und die dazugehörigen Antwortkärtchen. Zuerst wird die Frage gelesen, dann die entsprechende Antwort herausgesucht und umgekehrt auf die Frageunterlage gelegt. Sind alle Fragen richtig beantwortet, entsteht das Bild.

Weiterführende Ideen

Hund

Riechparcours

Ausgehend davon, dass der Geruchssinn bei Hunden besonders gut ausgeprägt ist, können die Kinder in einem „Riechparcours" ihre Nase unter Beweis stellen. Verteilen Sie einige Dosen (mit Deckel) mit verschiedenen geruchsintensiven Inhalten (Watte mit Parfüm, eine duftende Blume, Kaffeepulver, Käse, Zwiebel/Knoblauch, Honig, Heu …) im Klassenraum. Die Kinder raten mit verbundenen Augen, was sich in den Dosen befindet. Sie können in den Parcours auch Gegenstände einbauen, die die menschliche Nase nicht erriechen kann (z. B. Schal, Geldschein o. Ä.) und anhand dessen erklären, dass ein Hund diese Gegenstände mit seiner Nase durchaus identifizieren kann.

Alternativ stellt sich ein Kind in einer Ecke des Klassenzimmers auf und öffnet eine vorbereitete Dose mit einem geruchsintensiven Inhalt. Die anderen Kinder der Klasse stehen auf der anderen Seite des Raumes. Das Kind mit der Dose läuft auf seine Mitschüler zu. Wer errät zuerst, was sich in der Dose befindet?

Ein Hörrohr basteln

Mit den Ohren wackeln – welches Kind aus Ihrer Klasse beherrscht dieses Kunststück? Hunde hören unter anderem deshalb besser, weil sie ihre Ohrmuskeln gezielt einsetzen. Hunde mit Stehohren formen ihre Ohren zu Trichtern und drehen sie in die Richtung, aus der das Geräusch kommt – ähnlich einem Hörrohr. Basteln Sie mit den Schülern ein Hörrohr. Dazu rollt jedes Kind einen Bogen Papier oder Pappe (DIN A3 oder DIN A4) trichterförmig und klebt ihn mit Klebeband zusammen. Das eine Ende soll möglichst groß sein, das andere Ende höchstens in Ohrgröße. Das Papier kann vorher auch bemalt werden. Legen die Kinder das Hörrohr am Ohr an, können sie Geräusche der Umwelt (z. B. vom Pausenhof) viel deutlicher und lauter hören, da das Hörrohr Schallwellen auffängt und sie konzentriert in den Gehörgang weiterleitet. Zusätzlich können die Kinder die Erfahrung machen, dass der Trichter auch als Megafon benutzt werden kann.

Geräusche erzählen

Lassen Sie die Kinder eine Zeit lang bei geöffnetem Fenster lauschen und anschließend erzählen, was sie gehört haben.

Forschungsauftrag „Hundepfeife"

Dieser Auftrag ist für ältere Schüler geeignet: Was ist eine „Hundepfeife" und wie funktioniert sie?

Hunderassenpuzzle

Kleben Sie dazu geeignete, am besten etwas größere Bilder verschiedener Hunderassen auf Pappe und zerschneiden Sie diese. Mischen Sie die einzelnen Teile. Aufgabe der Kinder ist es, anhand der Körperform und Fellfarbe die Hundebilder zusammenzusetzen und zum Schluss die Rasse zu bestimmen.

Ein Hund in der Klasse

- Falls der Besuch eines Hundes in der Klasse ansteht, können die Kinder leckere Hundekekse backen. Zutaten: 1 Teil Hühnerbrühe, 1 Teil Haferflocken, 1 Teil fein geschabte Möhren, etwas Mehl. Alle Zutaten werden in einer Schüssel gut vermengt. Dann wird so viel Mehl dazugegeben, bis der Teig gut formbar ist. Aus dem Teig werden anschließend kleine Kugeln geformt oder mit einem Teelöffel Häufchen auf ein mit Backpapier ausgelegtes Backblech gegeben. Die Kekse bei 200 °C etwa 15 bis 20 Minuten im Backofen backen, danach noch etwas auskühlen lassen und fertig ist der Knabberspaß, den übrigens nicht nur Hunde mögen!
- Anregungen für „Hundebesuch" in der Klasse finden Sie unter *www.helfer-auf-vier-pfoten.de*.

„Wer ist beim Hund der Herr im Haus?"

Der Film aus der Reihe „Willi will's wissen" (DVD erhältlich unter *www.fwu-mediathek.de*) macht deutlich, dass Hunde nicht als perfekte Haustiere auf die Welt kommen. Willi besucht eine Hundeschule, in der Welpen und ihre Besitzer lernen, was bei der Hundeerziehung wichtig ist.

Katze

„Die Hauskatze"

Vier kurze Videosequenzen beschäftigen sich mit Körperbau, Aufzucht der Jungen, Revierverhalten und Jagdverhalten der Katze. Zusätzlich gibt es unter *www.fwu-mediathek.de* ein Arbeitsblatt zu jeder Sequenz.

Woher kommt das Geräusch?

Rascheln fasziniert Katzen. Bei diesem Spiel können die Kinder unter Beweis stellen, ob sie ein ebenso gutes Gehör haben wie Katzen: Ein Kind sitzt mit verbundenen Augen in der Mitte. Die anderen Schüler sitzen im Kreis, einige haben ein Zeitungsblatt in der Hand. Ein Kind raschelt mit der Zeitung. Das Kind in der Mitte zeigt in die Richtung, aus der das Geräusch kam.

Kaninchen

„Wo hoppeln Hase und Kaninchen?"

Der Film aus der Reihe „Willi will's wissen" (DVD erhältlich unter *www.fwu-mediathek.de*) thematisiert zunächst Hasen in freier Wildbahn. Von einem Kaninchenzüchter lässt sich Willi dann alles Wichtige über Haltung und Pflege berichten.

Wellensittich

Basteln

Auf *www.youtube.com* finden sich diverse Videos mit Faltanleitungen für Origami-Wellensittiche.

Fisch

Ein Aquarium aus Pappe und Tonkarton basteln

Jedes Kind erhält einen Pappkarton, malt ihn blau an und dekoriert ihn mit Steinen und Wurzeln. Als Wasserpflanze kann z. B. Kresse verwendet werden. Anschließend zeichnen die Kinder entweder selbst die Umrisse verschiedener Fische auf farbiges Tonpapier oder erhalten Schablonen. Die Fische werden ausgeschnitten, verziert und in das Aquarium gesetzt.

Anlegen eines Aquariums

Sollte sich im Klassenzimmer die Möglichkeit ergeben, können Sie mit Ihren Schülern ein Aquarium anlegen und gemeinsam pflegen. Natürlich müssen Sie sich erst über die Kostenübernahme informieren. In manchen Schulhäusern gibt es auch ein Aquarium in der Aula. Die Kinder können für eine Weile die Patenschaft dafür übernehmen.

Deutsch/Lesen

Um Fische geht es auch in dem Buch „Der Regenbogenfisch" von Marcus Pfister. Die Geschichte kann gemeinsam gelesen werden. Anschließend gestalten die Kinder ein Plakat mit vielen Fischen, die jeweils eine Schuppe aus Regenbogenfolie haben. Im Rahmen des Werkunterrichts kann auch ein Wandbehang aus Filz entstehen.

Name:

Mein Lieblingsheimtier

Mein Lieblingsheimtier heißt: _____

Hier kannst du das Tier malen oder ein Bild aufkleben:

So sieht mein Tier aus: _____

_____

_____

Das frisst mein Tier: _____

_____

_____

Das kann mein Tier besonders gut: _____

_____

_____

Am liebsten mag ich an meinem Tier: _____

_____

_____

Name:

Verschiedene Heimtiere

Nicht jedes Heimtier ist für jede Familie geeignet. Manche Tiere brauchen viel Platz, andere sind recht laut oder Familienmitglieder reagieren allergisch auf die Haare des Tieres.

 Lies die Texte zu den einzelnen Tieren. Welches Heimtier passt zu dir?

 Hunde sind aufmerksame Tiere und lernen schnell. Ihre Erziehung erfordert aber auch viel Geduld. Hunde sind tolle Spielgefährten: Du kannst mit ihnen kuscheln und schmusen und sie lieben es, mit dir herumzutoben. Hunde brauchen viel Platz und Auslauf. Auch sind sie nicht gerade leise. Für die Betreuung und Pflege eines Hundes solltest du mehrere Stunden am Tag einplanen. Zwei- bis dreimal täglich musst du deinen Hund füttern und mit ihm spazieren gehen – auch bei schlechtem Wetter! Bedenke, dass Hunde je nach Rasse bis zu 20 Jahre alt werden können.

 Katzen sind verspielt, dabei aber sehr selbstständig. Sie können auch mal mehrere Stunden allein zu Hause bleiben. Katzen schmusen gern, sind manchmal allerdings sehr eigensinnig und können mit ihren scharfen Krallen auch ganz schön kratzen. Katzen werden zwei- bis dreimal täglich gefüttert. Das Katzenklo muss jeden Tag gesäubert werden. Katzen werden bis zu 15 Jahre alt.

Fische machen keinen Lärm und Schmutz. Anfassen und streicheln kann man sie nicht – Fische sind eher Tiere zum Angucken. Sie sind ideale Heimtiere für Menschen, die eine Tierhaarallergie haben. Fische werden ein- bis zweimal am Tag gefüttert. Das Aquarium sollte alle zwei bis drei Tage gesäubert werden. Ein Fisch kann je nach Rasse bis zu 100 Jahre alt werden.

Kaninchen sind sehr unternehmungslustig: Kaum dürfen sie aus ihrem Käfig heraus, stöbern sie im Zimmer herum. Oft knabbern sie Schränke, Tapeten, Schuhe und Kabel an. Nachts können Kaninchen auch mal Krach machen, was ganz schön stören kann, wenn der Käfig im Kinderzimmer steht. Manche Kaninchen sind ziemlich scheu und kratzen auch ab und zu. Andere hingegen lassen sich sehr gern streicheln. Kaninchen brauchen mindestens eine Stunde Auslauf am Tag und müssen täglich gefüttert werden. Einmal in der Woche solltest du ihren Käfig säubern. Sie werden acht bis zehn Jahre alt.

 Wellensittiche machen wenig Arbeit. Sie sind ideale Haustiere, wenn man Allergien gegen Tierhaare hat. Wenn sie viel allein sind, machen Wellensittiche ganz schön viel Lärm. Am Anfang sind sie scheu und lassen sich nicht auf die Hand nehmen oder streicheln. Erst nach einem halben Jahr kann man ihnen näherkommen. Wellensittiche bekommen täglich Futter. Der Käfig muss alle zwei bis drei Tage sauber gemacht werden. Die Lebenserwartung eines Wellensittichs liegt zwischen 8 und 15 Jahren.

Name:

Heimtier-Check

 Zu welchem Heimtier passen die Sätze? Kreuze an.

					benötigt viel Platz in der Wohnung
					braucht einen Käfig an einem ruhigen Ort in der Wohnung
					benötigt eine Person, die sich besonders um das Tier kümmert
					kann von Nachbarn / Freunden versorgt werden, wenn die Familie im Urlaub ist
					muss täglich gefüttert werden
					muss täglich gebürstet werden
					braucht täglich Zuwendung
					liebt es, gestreichelt zu werden
					lebt nicht gern allein und braucht ein Partnertier
					braucht täglich Auslauf
					muss regelmäßig zum Tierarzt

 Welches ist dein Lieblingsheimtier? Überlege, welche Bedingungen du für dieses Tier erfüllen kannst.

Wie viel kostet ein Heimtier?

 Informiere dich in einer Zoohandlung oder im Internet darüber, wie teuer Anschaffung und Haltung eines Heimtiers sind.

Welches Tier möchtest du kaufen? Wie viel kostet das Tier?

_____   _____   ①

Welches Zubehör brauchst du? Wie teuer ist das?

_____   _____

_____   _____

_____   _____

_____   _____

Kosten für Zubehör insgesamt: _____   ②

Anschaffungskosten insgesamt: ① + ②   [_____]

Was frisst dein Tier? Wie viel Futter braucht es im Monat und wie teuer ist das?

_____   _____

_____   _____

_____   _____

Futterkosten pro Monat insgesamt: _____   ③

Gibt es zusätzliche Kosten, wie zum Beispiel Hundesteuer, Wasserkosten oder Tierarztkosten?
Was macht das im Monat ungefähr aus?   _____   ④

Was kostet dein Heimtier jeden Monat?   ③ + ④   [_____]

Name:

Unser Hund

 Hier sind zwei Texte durcheinandergeraten. Welche Sätze gehören zu Text A, welche zu Text B? Schneide die Kärtchen aus, ordne sie und klebe sie dann auf ein Extrablatt. Finde zu jedem Text eine passende Überschrift.

✂

Text A

_____

In einer Hundefamilie heißt der Vater Rüde, die Mutter Hündin und die Hundebabys nennt man Welpen. Zweimal im Jahr kann eine Hündin drei bis zwölf Welpen zur Welt bringen.

Text B

_____

Hunde können viel besser riechen als Menschen. So kann ein Hund nicht nur die Wurst im Einkaufskorb aus größerer Entfernung „erschnuppern", sondern auch das Alter und Geschlecht eines anderen Hundes am Geruch erkennen oder ob eine Person Angst hat, glücklich oder traurig ist.

Eine liebevolle Behandlung, viel Bewegung und gutes Futter sind wichtig für die Gesundheit des Hundes. Nicht selten kann er dann bis zu 15 Jahre alt werden. Kleine Hunde leben länger als große und Mischlinge länger als reinrassige Hunde.

Auch die Art, wie ein Hund seine Umwelt sieht, unterscheidet sich von der des Menschen. Er ist ein Bewegungsseher: Alles, was sich bewegt, kann er sehr gut sehen. Farben und stillstehende Dinge dagegen nimmt er kaum wahr.

Die ersten acht bis zwölf Wochen sollten die Welpen bei der Mutter bleiben. Sie kümmert sich um die Welpen, bietet ihnen Schutz und erzieht sie.

Kommt der junge Hund in eine neue Familie, muss er viel lernen, z. B. wer der Chef in der Familie ist und wo seine eigene Position im Familienrudel ist, dass Möbel kein Knabberspielzeug sind, er sein „Geschäft" draußen erledigen soll und auch, dass er manchmal allein bleiben muss.

Hunde hören auch sehr gut. Seine beweglichen Ohren kann ein Hund wie Antennen in verschiedene Richtungen drehen. Er hört Töne, die für Menschen nicht wahrnehmbar sind, und kann sich an Tonfolgen viel besser erinnern als wir.

Name:

Der Körper des Hundes

Hunde können ganz verschieden aussehen und unterschiedlich groß sein.
Die einzelnen Körperteile sind jedoch bei allen Hunden gleich.
Der Hund hat zwei Vorderbeine und zwei Hinterbeine. Die Vorderbeine nennt
man auch Vorderläufe und die Hinterbeine heißen Hinterläufe. Die Schnauze des
Hundes bezeichnet man als Fang. Der Schwanz des Hundes wird Rute genannt.
Die Seite heißt Flanke.

 Wie heißen die Körperteile eines Hundes? Trage sie an den richtigen Stellen ein.

Vorderlauf   Hinterlauf   Flanke   Fang   Rute

Name:

Hund und Wolf

 Schreibe die passende Überschrift an die richtige Stelle im Text.

Lebensweise   Aussehen   Ernährung   Hund und Wolf

1   _____

2   Der Hund stammt vom Wolf ab. Hund und Wolf haben einen ähnlichen Körperbau

3   und zeigen auch Ähnlichkeiten im Verhalten.

4   _____

5   Der Wolf hat eine Schulterhöhe von 50 bis 100 cm. Das entspricht einem großen Haus-

6   hund. Je nach Rasse kann sein Körper 100 bis 160 cm lang werden. Hinzu kommt die

7   Schwanzlänge, die bei großen Wölfen bis zu 52 cm beträgt. Die Farbe des Fells kann

8   sehr unterschiedlich sein: weiß, cremefarben, gelblich, rötlich, grau oder schwarz.

9   _____

10   Der Wolf lebt meistens im Wald. Nur selten ist er allein anzutreffen, häufig lebt er

11   zusammen mit seiner Familie. Einmal im Jahr bringt die Wölfin vier bis sechs Junge

12   zur Welt. Die Wolfseltern bilden zusammen mit ihren Kindern vom Vorjahr und den

13   neuen Welpen ein Rudel. Manchmal, zumeist im Winter, schließen sich mehrere

14   kleine Rudel zu einem großen zusammen. Innerhalb der Gruppe gibt es eine Rang-

15   ordnung. Nicht der stärkste, sondern der klügste Wolf führt das Rudel an. Er ist der

16   Leitwolf und muss für ausreichend Futter und Ordnung im Rudel sorgen.

17   Erwachsene Wölfe bellen nur sehr selten. Meistens heulen sie. Das Heulen hat die

18   gleiche Bedeutung wie das Bellen eines Hundes: Die Wölfe sprechen miteinander.

19   Aber auch durch ihre Körperhaltung und ihren Gesichtsausdruck können sie zum

20   Beispiel zeigen, ob sie gute Laune oder Angst haben.

21   _____

22   Wölfe gehen gemeinsam im Rudel auf die Jagd. Sie jagen Elche, Hirsche und Wild-

23   schweine, aber auch Schafe. Wenn es keine größeren Tiere gibt, ernähren sich Wölfe

24   von kleineren Tieren, wie Bibern, Hasen oder Eichhörnchen, und fressen auch Wald-

25   beeren.

 Male die Tabelle in dein Heft. Vergleiche Wolf und Hund miteinander.

	Wolf	Hund
Aussehen		
Lebensweise		
Ernährung		

Name:

Viele verschiedene Hunde

Auf der ganzen Welt gibt es über 400 verschiedene Hunderassen.

 Hier stimmt etwas nicht! Schneide die Bilder an den Schneidelinien aus und klebe die einzelnen Teile auf einem extra Blatt richtig zusammen.

 Wie heißen die Hunde? Schreibe jeweils den richtigen Namen zum passenden Bild.

West Highland Terrier   Dalmatiner   Bernhardiner   Pudel

Collie   Dackel

Yorkshire Terrier   Golden Retriever   Deutscher Schäferhund

Name:

Was braucht ein Hund?

Ein Hund braucht verschiedene Gegenstände, damit er sich wohlfühlt und gesund bleibt.

In einem  kann der Hund ungestört schlafen.

Sein  sollte möglichst in einer ruhigen Ecke stehen, damit er beim Fressen nicht

gestört wird. Und was frisst ein Hund? Am besten fütterst du ihn mit Trockenfutter oder

Dosenfutter, das enthält neben Fleisch auch pflanzliche Stoffe. Stelle auch immer einen

 mit frischem Wasser bereit.

Da ein Hund gern und viel spielt, ist geeignetes Spielzeug wichtig. Es darf den Hund nicht

verletzen und muss groß genug sein, damit er es nicht verschluckt. Ideal ist ein ,

an dem der Hund knabbern kann und gleichzeitig seine Zähne „putzt". Außerdem eignet

sich zum Spielen ein , Gummispielzeug oder ein .

 und  sind für die Fellpflege wichtig. Verwende ein spezielles ,

wenn der Hund unter die Dusche muss.

Natürlich braucht ein Haushund auch ein  und für Spaziergänge eine .

Welche Dinge braucht ein Hund? Kreise die richtigen Wörter ein.

Name:

Aufgaben eines Hundebesitzers

Ein Hund als Haustier macht viel Freude, bedeutet aber auch, Verantwortung zu übernehmen.

 Lies die Texte. Ordne jedem Text ein Bild zu.

A Jeden Tag musst du mindestens dreimal mit dem Hund Gassi gehen – auch bei Regen und Schnee. Morgens und abends reicht ein kurzer, 15- bis 30-minütiger Spaziergang. Einmal am Tag solltest du deinem Hund die Gelegenheit geben, sich ein bis zwei Stunden im Freien richtig auszutoben.

B Einen kurzhaarigen Hund musst du nur ab und zu bürsten, einen Hund mit langem Fell jeden Tag. Spezielle Bürsten entfernen Staub und Schmutz und massieren gleichzeitig die Haut. Das gefällt allen Hunden! Baden sollte ein Hund nur selten – wenn doch, dann verwende unbedingt ein Hundeshampoo.

C Hunde brauchen viel Bewegung. Nimm dir deshalb mehrmals am Tag Zeit, mit dem Hund zu spielen und zu toben. Genug Platz ist dafür ganz wichtig. Auch Streicheln und Kraulen mag ein Hund – am liebsten am Hals, zwischen und hinter den Ohren, unter dem Bauch und an der Brust.

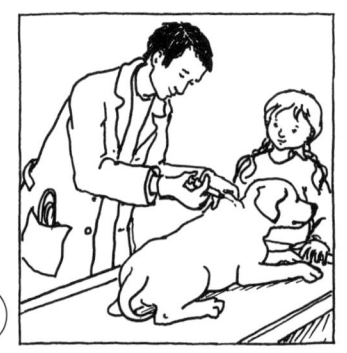

D Mindestens einmal im Jahr muss ein Hund zum Tierarzt – auch wenn er gesund ist. Dort wird er untersucht und gegen verschiedene Krankheiten geimpft. Bei Bedarf schneidet der Tierarzt auch die Krallen des Hundes.

E Erwachsene Hunde bekommen täglich ein- bis zweimal Futter, Welpen drei- bis viermal. Am einfachsten gibst du ihnen Trocken- oder Dosenfutter, aber natürlich kannst du das Futter auch selbst zubereiten. Essensreste vom Tisch sollte ein Hund nicht bekommen. Sie sind zu stark gewürzt und zu fett. Für zwischendurch eignen sich ein Kauknochen oder spezielle Hundekekse. Denke auch an frisches Wasser. Wichtig ist es, die Näpfe jeden Tag zu reinigen.

Name:

Verstehst du deinen Hund?

An der Körperhaltung kannst du erkennen, wie dein Hund sich fühlt.

 Betrachte die Bilder und ergänze die fehlenden Wörter.

Rücken   Rute   Hinterläufe   Vorderläufe

Legt der Hund die _____

auf den Boden oder springt herum, dann möchte

er gerne spielen.

Wenn der Hund die Ohren anlegt, seine Rute

zwischen die _____ klemmt

und knurrt, will er sich verteidigen.

Möchte der Hund einen Gegner angreifen, trägt er

seine _____ hoch erhoben und

fletscht die Zähne.

Wenn der Hund sich unterordnen will, dann legt er

sich auf den _____, gibt Pfötchen,

wedelt mit der Rute und lässt sich streicheln.

Name:

Hundeberufe

 Was gehört zusammen? Male jeweils den Kreis vor dem Hund und dem passenden Text mit der gleichen Farbe aus.

◯ Blindenhund

◯ Er beschützt seinen Besitzer und dessen Haus. Fremde Personen meldet er durch Bellen. Im Notfall greift er Eindringlinge an.

◯ Schlittenhund

◯ Er hilft Menschen, die schlecht oder gar nichts sehen können, begleitet sie und führt sie um Hindernisse. Bei Gefahr warnt er, indem er stehen bleibt.

◯ Polizeihund

◯ Er spürt mit seiner Nase verschüttete Menschen auf (z. B. nach einem Erdbeben oder einer Lawine) oder rettet Ertrinkende, indem er sie an Land zieht.

◯ Jagdhund

◯ Er hält die Schafherde zusammen und verteidigt sie. Er passt auf, dass kein Tier wegläuft. Falls es doch einmal passiert, treibt er das Schaf zur Herde zurück.

◯ Hütehund

◯ Zusammen mit bis zu elf anderen Hunden zieht er einen Schlitten. Auf dem Schlitten befinden sich Lasten und ein Mensch, der die Hunde lenkt.

◯ Wachhund

◯ Er hilft dem Jäger. Mit seiner guten Nase spürt er Tiere auf, findet angeschossene Tiere und bringt tote Tiere dem Jäger.

◯ Rettungshund

◯ Er hilft, vermisste Personen oder Straftäter zu finden. Mit seiner Nase spürt er Drogen, Waffen und Sprengstoff auf.

Der Körper der Katze

 Lies den Text und unterstreiche alle Körperteile, die genannt werden.

Der Körper einer Katze ist etwa 50 cm lang. Hinzu kommt der Schwanz, dessen Länge 25 bis 30 cm beträgt. Katzen wiegen ungefähr 4 kg. Sie können 12 bis 15 Jahre alt werden.

Das männliche Tier nennt man Kater.

Die Katze ist hervorragend für die Jagd ausgestattet. Sie hat sehr gute Ohren und scharfe Augen. In der Nacht kann sie fast so gut sehen wie am Tag. Mit ihren Tasthaaren spürt sie Hindernisse und vermeidet es so, nachts irgendwo anzustoßen. Die Füße der Katze nennt man Pfoten. Auf ihnen kann sie sich leise und geschmeidig bewegen. An ihren Pfoten hat die Katze spitze Krallen. Die Krallen der vorderen Pfoten kann sie ein- und ausfahren. Ihre scharfen Eckzähne helfen ihr beim Erlegen der Beute.

 Wie heißen diese Körperteile einer Katze? Trage ein.

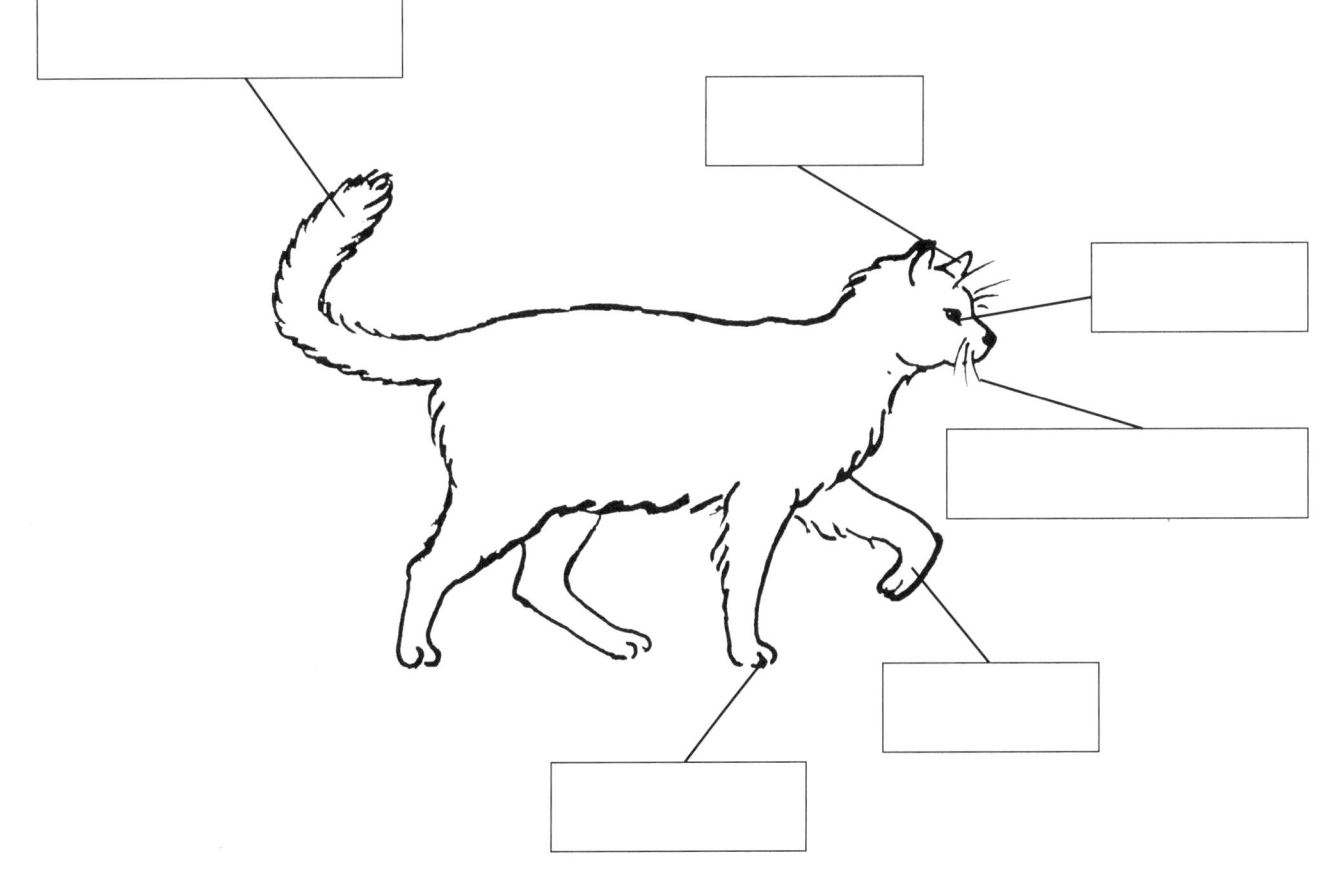

Name:

Hauskatze und Falbkatze

Unsere Hauskatze stammt von der Afrikanischen Falbkatze ab.

 Ordne die Stichpunkte. Schreibe sie in die Tabelle.

| schlanker Körper |

| Männchen und Weibchen treffen sich nur zur Paarung |

| Raubkatze, die dort lebt, wo sie Beute und Schlafplatz findet |

| Länge vom Kopf bis zum Schwanzansatz: 50 cm |

| Schwanzlänge: 25 cm |

| geht erst abends auf die Jagd | | kurzes, sandfarbenes Fell |

| frisst manchmal auch größere Insekten |

| lebt die meiste Zeit des Jahres allein | | jagt kleine Nagetiere, Vögel, Echsen, Skorpione |

Die Falbkatze	
Aussehen	• _____ • _____ • _____ • _____
Lebensweise	• _____ • _____ • _____ • _____
Ernährung	• _____ • _____

Name:

Viele verschiedene Katzen

Katzen leben schon seit langer Zeit als Haustier beim Menschen. Aus der ursprünglichen Form wurden viele Rassen gezüchtet. Neben der normalen Hauskatze gibt es Rasse- oder Edelkatzen.

Je nach Felllänge können Katzen in zwei große Gruppen eingeteilt werden: Langhaarkatzen und Kurzhaarkatzen. Das Fell von Langhaarkatzen ist lang, weich und seidig. Diese Katzen sind meist ruhig und ausgeglichen. Beispiele für Langhaarkatzen sind die Perserkatze oder die Norwegische Waldkatze. Kurzhaarkatzen, wie z.B. normale Hauskatzen, haben ein kurzes Fell, sind eher temperamentvoll und spielen gerne. Nach ihrem Körperbau können bei den Kurzhaarkatzen zwei Typen unterschieden werden: Katzen mit einem breiteren Körper und dichtem Fell gehören zum Plumptyp, Katzen mit einem schlanken Körper und dünnerem Fell zum Schlanktyp.

 Schneide die Katzenbilder aus und klebe sie an die richtigen Stellen in der Tabelle.

| Langhaarkatze | Kurzhaarkatze | |
	Plumptyp	Schlanktyp

Name:

Was braucht eine Katze?

 Unterstreiche im Text, was eine Katze braucht.
Schreibe dann die passenden Wörter neben die Bilder
oder male die passenden Bilder neben die Wörter.

Die Katze ist ein Fleischfresser. Du fütterst sie am besten morgens und abends mit
Dosenfutter. Das enthält neben Fleisch auch noch andere wichtige Nährstoffe.
Gerne frisst die Katze ab und zu auch rohes Fleisch. Für zwischendurch kannst du
ihr einen kleinen Napf mit Trockenfutter hinstellen. Außerdem braucht sie regel-
mäßig frisches Wasser. Milch vertragen erwachsene Katzen nicht besonders gut.
Katzen spielen und klettern gern. Viel Spaß haben sie z. B. mit einer Spielzeug-
maus oder einem knisternden Papierknäuel. An einem Kratzbaum kann sich die
Katze ihre Krallen schärfen.
Die Katze ist ein sehr sauberes Tier. Sie leckt ihr Fell. Dabei verschluckt sie auch
viele Fellhaare. Katzengras hilft ihr dabei, die Haare wieder herauszuwürgen.
Bürsten musst du deine Katze nur, wenn sie Haare verliert, z. B. beim Wechseln
vom Winterfell in das Sommerfell.
Als Schlafplatz eignet sich ein Körbchen mit einer Decke, damit es die Katze warm
und gemütlich hat. Als Toilette benötigt die Katze ein Katzenklo mit Katzenstreu.
Schlafplatz und Katzenklo musst du regelmäßig reinigen.

_____

_____

Bürste

_____

Napf mit frischem Wasser

_____

_____

_____

Spielzeug

Name:

Verstehst du deine Katze?

 Welches Bild passt zu welchem Text? Ordne zu.

Hat die Katze Angst, duckt sie sich und macht sich möglichst lang. Mit angelegten Ohren versucht sie sich davonzuschleichen.

Fühlt sich die Katze wohl, richtet sie ihren Schwanz auf und wedelt ein wenig mit der Spitze. Sie macht einen kleinen Buckel. Ihren Kopf reibt sie zum Beispiel am Bein ihres Besitzers.

Sträubt die Katze die Haare, senkt den Kopf, macht einen großen Buckel und stellt den Schwanz auf, dann ist sie wütend.

Möchte die Katze spielen, dann hält sie den Kopf hoch und formt den Schwanz zum Fragezeichen.

Klemmt die Katze ihren Schwanz zwischen die Hinterbeine, duckt sich vorn und legt die Ohren an, will sie sich verteidigen. Aus dieser Haltung kann sie aber auch blitzschnell zum Angriff übergehen.

Name:

Auf Beutejagd

 Lies den Text aufmerksam durch.

Hat eine Katze ihre Beute (z. B. eine Maus) erspäht, schleicht sie sich an. Dabei achtet sie darauf, dass das Beutetier sie nicht sieht und nicht hört. Dann lauert die Katze auf einen günstigen Moment zum Fangen. Mit den Augen verfolgt sie jede Bewegung des Tieres. Schließlich ist es so weit: Die Katze springt mit einem Satz zu ihrer Beute. Mit den Krallen ihrer Vorderpfoten greift sie das Tier und hält es fest. Manchmal „spielt" die Katze auch mit ihrer Beute: Sie lässt das Tier wieder frei und fängt es sofort wieder ein. Wie oft das geschieht, hängt davon ab, wie hungrig die Katze ist. Schließlich tötet die Katze ihre Beute durch einen Biss in den Nacken.

 Wie fängt die Katze ihre Beute? Bringe die Bilder in die richtige Reihenfolge und schreibe zu jedem Bild das passende Verb auf.

○ _____   ① _____

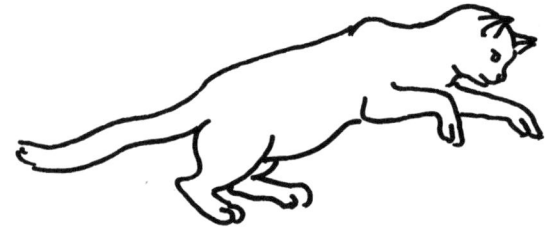

○ _____   ○ _____

 Materialien für den Unterricht: Ingrid Sachs, Haustiere in der Grundschule © Hase und Igel Verlag, München

Name:

Der Körper des Kaninchens

Kaninchen können sehr gut hören, weil sie in der Lage sind, ihre Ohren in die Richtung zu drehen, aus der das Geräusch kommt. Die Ohren nennt man Löffel.
Die großen Augen des Kaninchens sitzen seitlich am Kopf. So haben sie einen ausgezeichneten „Rundumblick".
Im Dunkeln kann sich das Kaninchen gut mit seinen Schnurrhaaren orientieren.
Die Beine des Kaninchens heißen Vorderlauf und Hinterlauf. An jeder Vorderpfote hat das Kaninchen fünf Krallen, an jeder Hinterpfote vier Krallen.
Der Schwanz wird Blume genannt.

 Beschrifte den Körper des Kaninchens. Setze folgende Begriffe ein:

Auge   Pfote mit Krallen   Hinterlauf   Schnurrhaare

Vorderlauf   Blume   Löffel

Name:

Hauskaninchen und Wildkaninchen

Das Hauskaninchen stammt vom Wildkaninchen ab.

Ernährung
Wildkaninchen fressen Pflanzen, am liebsten Gräser und Kräuter. Manchmal knabbern sie auch Zweige und Baumrinden oder fressen Getreide und Gemüse.

Lebensweise
Wildkaninchen leben immer in Familien oder kleinen Gruppen zusammen. Sie bauen unter der Erde Höhlen. Diese können bis zu 3 m tief und 45 m lang sein. Dort schlafen sie und ziehen ihre Jungen auf.
Wildkaninchen werden erst in der Dämmerung munter. Dann kommen sie aus ihrer Höhle und gehen auf Nahrungssuche. Bei Gefahr pfeifen sie oder trommeln mit den Hinterläufen auf die Erde und warnen so die anderen Kaninchen.

Aussehen
Das Fell der Wildkaninchen ist graubraun, im Nacken braun bis rostrot gefärbt.
Ihre Körperlänge beträgt 35 bis 45 cm. Schwanz und Bauch sind weiß. Die Ohren sind kurz.

 Richtig oder falsch? Kreuze an.

Wildkaninchen ...	richtig	falsch
haben ein weißes Fell, einen braunen Bauch und einen rostroten Schwanz.		
leben nicht allein.		
wohnen in Erdhöhlen.		
sind dämmerungsaktiv.		
trommeln mit den Hinterläufen, wenn sie sich freuen.		
sind Pflanzenfresser.		
fressen häufig Gemüse und Obst.		

Name:

Viele verschiedene Kaninchen

Kaninchen gehören zur Familie der Hasen. Nach ihrer Körpergröße können sie in große, mittelgroße und kleine Rassen sowie Zwergrassen eingeteilt werden. Innerhalb dieser Rassen unterscheiden sich die Kaninchen in Fellfarbe und Fellform. So gibt es Kurzhaar-, Langhaar- und Normalhaarkaninchen. Eine spezielle Gruppe bilden die Satinkaninchen, deren Fell weich wie Seide ist und glänzt.

Bei manchen Kaninchen hängen die Ohren nach unten. Diese Kaninchen nennt man Widder.

 Schneide die Bilder unten aus, ordne sie richtig zu und klebe sie ein.

Deutscher Widder

Gewicht: etwa 5,5 kg

Fell: glatt

Haarlänge: 3 bis 4 cm

Farbe: verschiedene Grautöne oder gescheckt

Farbenzwerg

Gewicht: 1,0 kg bis 1,5 kg

Fell: glatt, dicht und weich

Haarlänge: 2,5 bis 3 cm

Farbe: unterschiedlich, einfarbig oder gescheckt

Rexkaninchen

Gewicht: 3,5 kg bis 4,5 kg

Fell: glatt und samtig

Haarlänge: maximal 2 cm

Farbe: unterschiedlich, einfarbig oder gescheckt

Angorakaninchen

Gewicht: 2,5 kg bis 5,25 kg

Fell: dicht und wollig

Haarlänge: 4 cm bis 6 cm

Farbe: meist weiß, selten farbig

✂

Name:

Was braucht ein Kaninchen?

Das Kaninchen sollte in einem  wohnen, der genügend Platz zum Herumhoppeln

bietet. Den Boden des Käfigs bedeckst du mit Streu und einer Lage .

Damit sich das Kaninchen in Ruhe zurückziehen kann, braucht es ein .

Das Futter füllst du in einen . Wasser bekommt das Kaninchen aus einer .

Kaninchen fressen hauptsächlich Pflanzen. Trockenes sollte in einer

Raufe immer zur Verfügung stehen. Wichtig für eine gesunde Ernährung ist außerdem

Grünfutter, wie z.B.  oder frisches Gras. Außerdem kannst du deinem Kaninchen

Äpfel, ,  und anderes Gemüse geben.

Genau wie bei Nagetieren wachsen auch die Zähne eines Kaninchens jeden Tag ein

kleines Stück. Um sie abzunutzen, brauchen Kaninchen auch hartes Futter, wie z.B.

Zweige, Baumrinde oder altes . Am besten hängst du außerdem einen Salzleckstein

in den Käfig. Er gibt dem Kaninchen die notwendigen Mineralien.

 Wie heißen diese Gegenstände? Schreibe auf.

GIKÄF	HOSTR	SCHÄUHEN	SCHALINKTREF
EUH	HAZÖWELNN	RATTEKON	TROB

Name:

Aufgaben eines Kaninchenbesitzers

 Lies den Text. Unterstreiche die Informationen zu den folgenden Fragen mit unterschiedlichen Farben.

Rot: Welche Aufgaben muss ein Kaninchenbesitzer täglich erledigen?

Blau: Wie säuberst und pflegst du das Fell eines Kaninchens?

Grün: Ein Kaninchen ist ein aktives und geselliges Tier. Was musst du tun, damit es sich bei dir wohlfühlt?

Jeden Tag braucht dein Kaninchen Futter und frisches Wasser. Auch musst du einmal am Tag die Toilettenecke im Stall säubern und mindestens einmal in der Woche den ganzen Kaninchenstall reinigen.
Ist dein Kaninchen schmutzig, wischst du das Fell mit Wasser und einem Tuch ab. Hat dein Tier ein langes Fell, solltest du es einmal in der Woche bürsten. In regelmäßigen Abständen musst du außerdem die Krallen des Kaninchens kontrollieren und eventuell kürzen. Dabei helfen dir am besten deine Eltern.
Kaninchen sind sehr aktive Tiere. Sie brauchen täglich Auslauf, um sich austoben zu können. Sie rennen gern, schlagen Haken, springen und machen Männchen. Damit sich dein Kaninchen nicht langweilt, musst du es beschäftigen. Stelle ihm dafür eine mit Sand oder alten Handtüchern gefüllte Kiste zum Buddeln in den Stall. Außerdem spielen Kaninchen gern mit einem Karton oder einem Ast. Am liebsten beschäftigt sich dein Kaninchen aber mit seinen Artgenossen.
Halte es deshalb nicht allein, sondern immer zusammen mit einem anderen Kaninchen.

 Beantworte die Fragen aus der ersten Aufgabe. Schreibe in dein Heft.

Name:

Verstehst du dein Kaninchen?

 Betrachte die Bilder auf den Kärtchen und lies die Texte. Was passt zusammen? Verbinde.

Sitzt ein Kaninchen wie erstarrt und stellt die Ohren steil nach oben,

Ein Kaninchen, das Angst hat,

Hat ein Kaninchen Stress,

Wenn das Kaninchen sich aufrichtet,

Das Kaninchen legt sich hin und schließt die Augen,

rennt weg und versteckt sich.

wenn es sich ausruhen möchte.

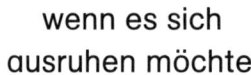

dann hat es sich erschrocken.

dann klopft es mit den Hinterläufen auf den Boden.

ist es neugierig und möchte sich um-schauen.

Name:

Der Körper des Wellensittichs

 Lies den Text. Unterstreiche alle Körperteile eines Wellensittichs, die im Text genannt werden.

Wellensittiche können verschiedene Farben haben: Grün, Gelb, Weiß oder Blau. Am Kopf und an den Flügeln haben viele von ihnen schwarze oder graue wellenförmige Linien. Daher kommt der Name Wellensittich. Ob du ein Männchen oder ein Weibchen vor dir hast, kannst du an der Farbe ihres Gefieders nicht erkennen. Unterscheiden kann man sie nur an ihrer Nase: Erwachsene Männchen haben meist eine blaue, Weibchen eine braune Nase. Die Ohren eines Wellensittichs kann man nicht sehen. Sie sind unter dem Kopfgefieder versteckt. Der Schnabel eines Wellensittichs ist gebogen.

An den beiden Beinen befinden sich jeweils vier Zehen. Zwei Zehen zeigen nach vorne, zwei nach hinten. Am Ende jeder Zehe befindet sich eine Kralle.

Wie viele Vögel besitzt auch der Wellensittich einen langen Schwanz.

 Schreibe die folgenden Begriffe an die passenden Stellen. Male den Wellensittich farbig aus.

Kopf　　Flügel　　　　　Bein　　　　　　　　　　Schnabel

　　Zehe　　　　Schwanz　　　　Nase　　　Kralle

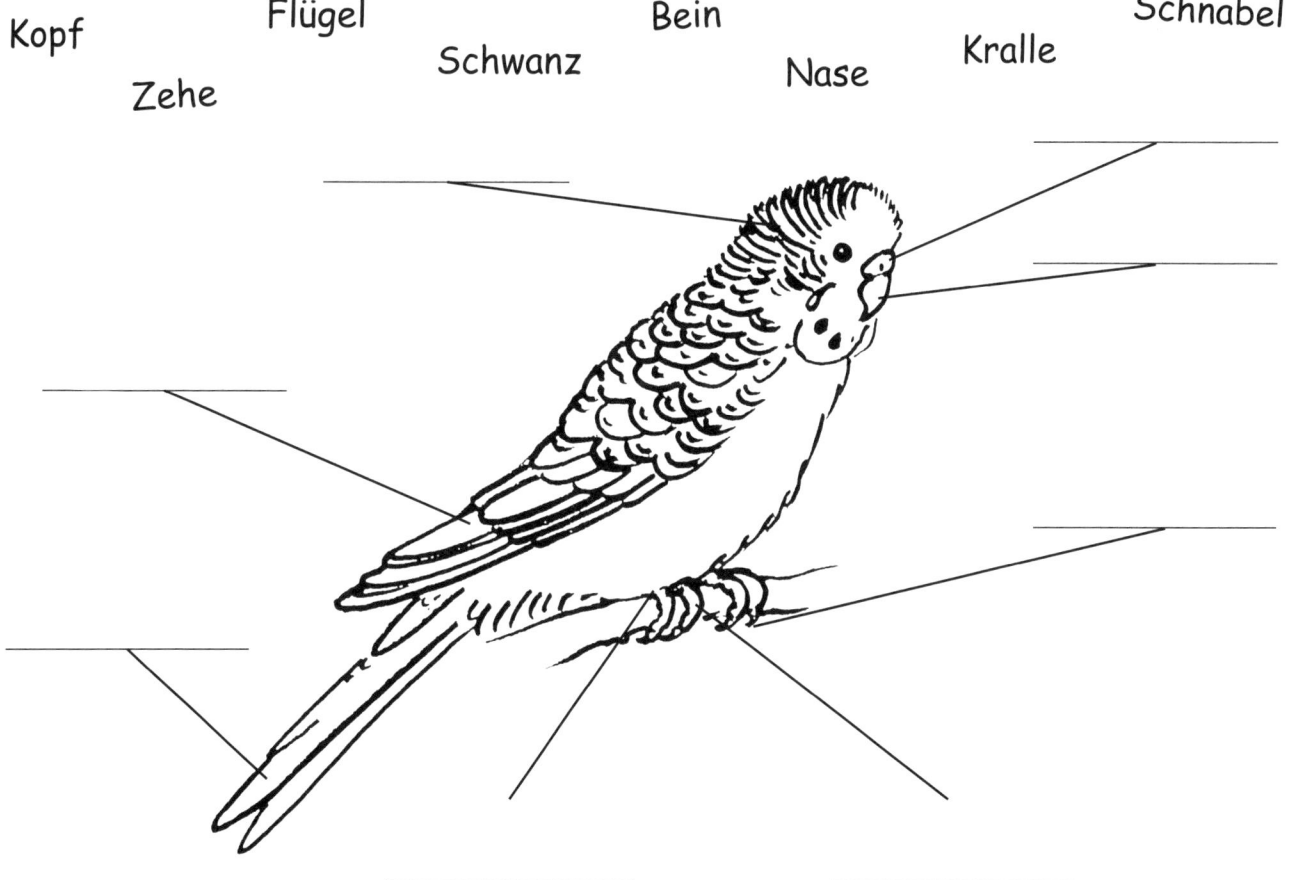

Name:

Viele verschiedene Wellensittiche

 Lies den Text. Welche Farben können Wellensittiche haben?

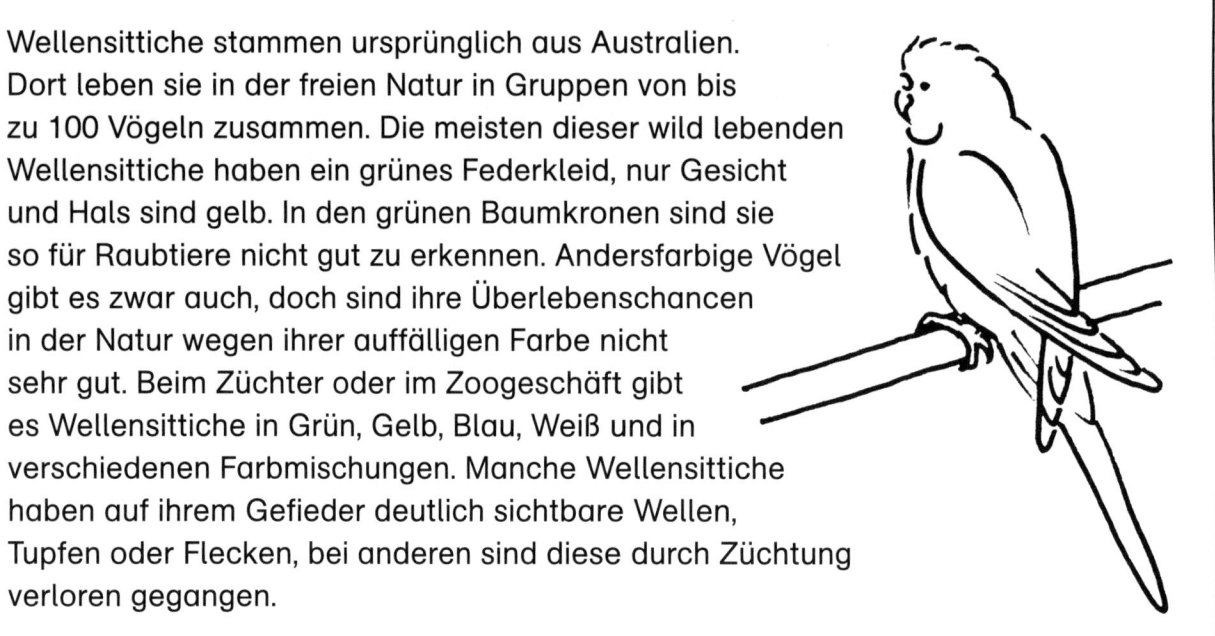

Wellensittiche stammen ursprünglich aus Australien. Dort leben sie in der freien Natur in Gruppen von bis zu 100 Vögeln zusammen. Die meisten dieser wild lebenden Wellensittiche haben ein grünes Federkleid, nur Gesicht und Hals sind gelb. In den grünen Baumkronen sind sie so für Raubtiere nicht gut zu erkennen. Andersfarbige Vögel gibt es zwar auch, doch sind ihre Überlebenschancen in der Natur wegen ihrer auffälligen Farbe nicht sehr gut. Beim Züchter oder im Zoogeschäft gibt es Wellensittiche in Grün, Gelb, Blau, Weiß und in verschiedenen Farbmischungen. Manche Wellensittiche haben auf ihrem Gefieder deutlich sichtbare Wellen, Tupfen oder Flecken, bei anderen sind diese durch Züchtung verloren gegangen.

 Male den Wellensittich im Kasten so aus, wie er in freier Natur in Australien zu finden ist.

 Male die vier Wellensittiche unten so aus, wie wir sie kennen.

 Materialien für den Unterricht: Ingrid Sachs, Haustiere in der Grundschule © Hase und Igel Verlag, München

Was braucht ein Wellensittich?

 Lies dir den Text genau durch. Unterstreiche, was ein Wellensittich braucht.

Damit sich der Wellensittich wohlfühlt, stellst du seinen Käfig am besten an einen hellen Platz. Der Käfig sollte Gitterstäbe und mehrere Sitzstangen haben. Natürlich brauchst du auch einen Futternapf und einen Wasserspender. Der Käfigboden wird mit Vogelsand ausgestreut. Ein Glöckchen, ein Spiegel oder ein Gitterball sorgen dafür, dass sich der Vogel nicht langweilt. Nicht fehlen darf auch eine Sepiaschale, an der dein Vogel knabbern und seinen Schnabel wetzen kann. Für das wöchentliche Bad des Wellensittichs eignet sich ein Badehäuschen, das man an die geöffnete Käfigtür hängen kann.

Der Wellensittich ernährt sich hauptsächlich von Körnern. Dafür gibt es spezielle Körnermischungen zu kaufen. Ab und zu kannst du ihn auch mit einem Hirsekolben verwöhnen. Auch Frischkost ist wichtig: Apfel, Banane, Salat, Radieschen, Gurke und anderes Obst und Gemüse enthalten viele Vitamine. Grünfutter mag der Wellensittich ebenfalls gern, z. B. Vogelmiere, Basilikum oder andere Kräuter. Wichtig: Die Frischkost vor dem Füttern abspülen und anschließend abtropfen lassen!

Ergänze das Wortgitter.

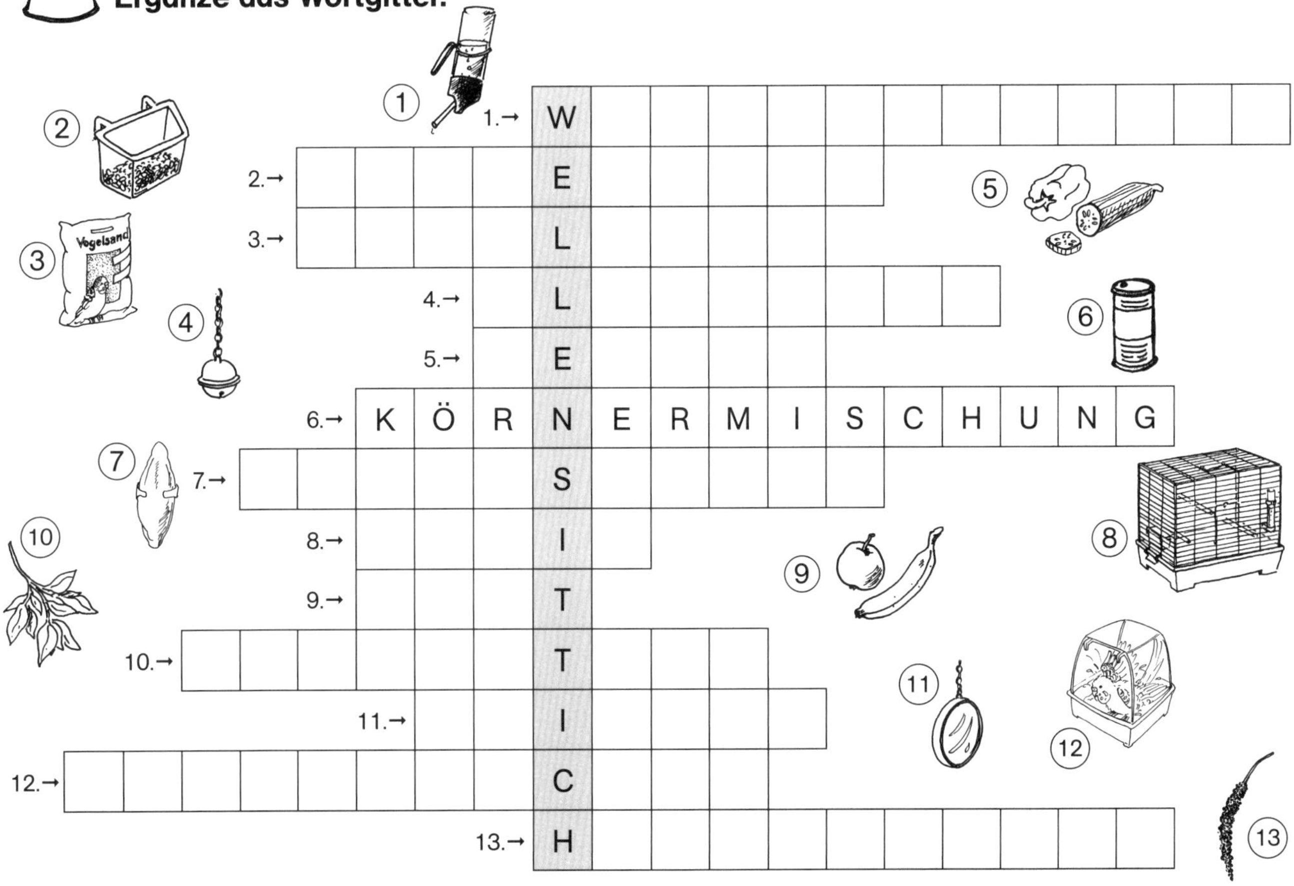

1.→ W
2.→ E
3.→ L
4.→ L
5.→ E
6.→ K Ö R N E R M I S C H U N G
7.→ S
8.→ I
9.→ T
10.→ T
11.→ I
12.→ C
13.→ H

Name:

Aufgaben eines Wellensittichbesitzers

 Lies dir die Sätze aufmerksam durch.

(1) Gib dem Wellensittich jeden Tag frisches Wasser.

(2) Nimm jeden Tag die leeren Hülsen aus dem Futternapf und fülle neues Futter nach.

(3) Entferne grobe Verschmutzungen am besten mit einem Löffel.

(4) Fülle anschließend neuen Sand auf.

(5) Säubere einmal in der Woche den ganzen Käfig. Reinige auch die Sitzstangen, am besten mit einer Bürste und heißem Wasser.

(6) Bade den Wellensittich einmal in der Woche in einem Badehäuschen.

(7) Decke den Käfig nachts mit einem Tuch ab.

Welcher Satz passt zu welchem Bild? Schreibe jeweils die passende Zahl dazu.

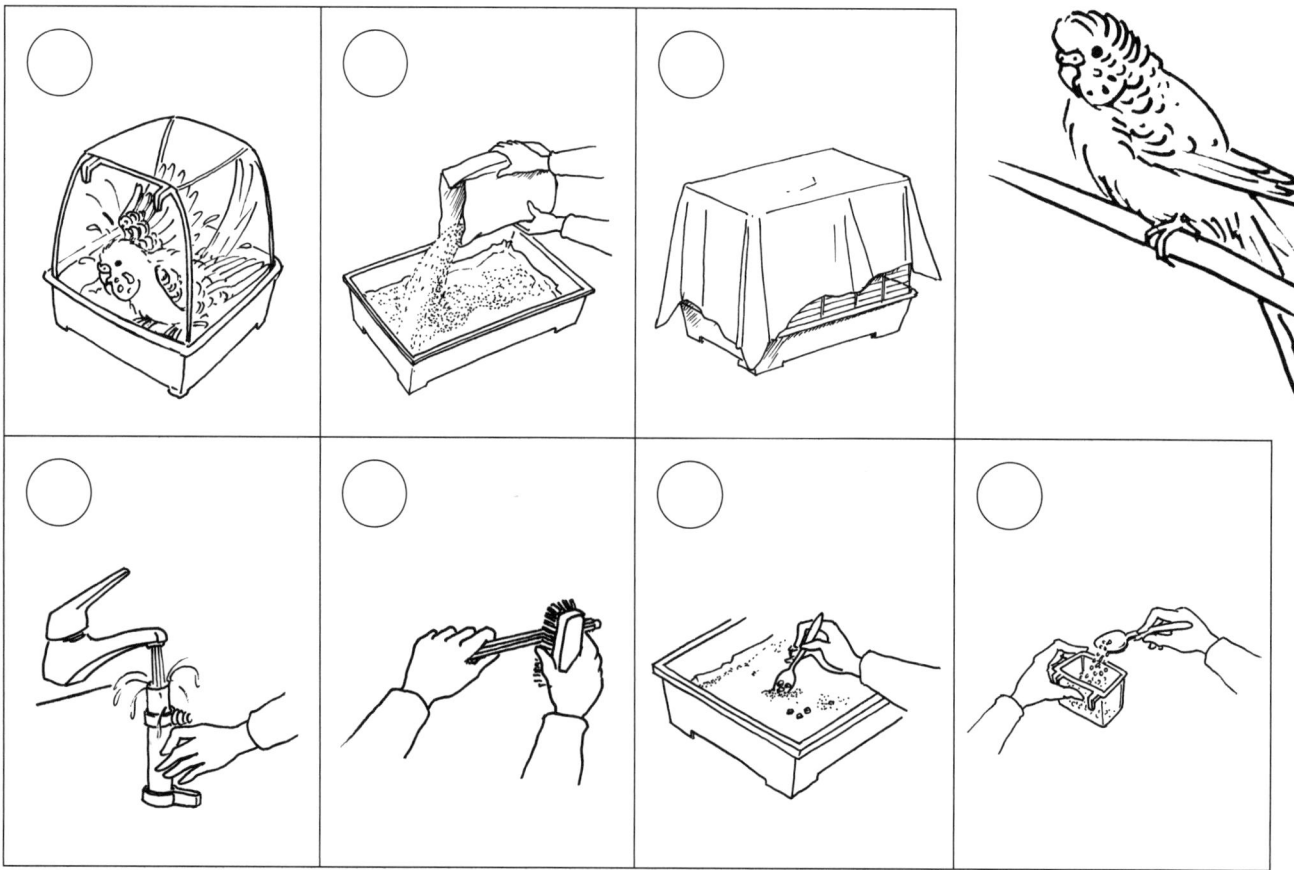

Name:

Verstehst du deinen Wellensittich?

 Welche Stichpunkte passen zu welchem Wellensittich? Verbinde.

will schlafen:
dreht den Kopf nach hinten –
versteckt ihn im Gefieder

•

fühlt sich wohl:
sitzt auf einem Bein –
plustert sich dick auf

•

•

hat Angst:
richtet sich auf –
macht sich ganz dünn

•

•

möchte angreifen:
sträubt das Gefieder – öffnet
den Schnabel zum Hacken

•

•

ist krank:
sieht dünn aus – spreizt sein
Gefieder – beißt in die Luft

•

•

 Schreibe Sätze nach dem Muster
„Wenn ..., dann ..." in dein Heft.
Die Stichpunkte in den
Kästen helfen dir.

Wenn der Wellensittich schlafen will, dann
dreht er seinen Kopf nach hinten und versteckt
ihn im Gefieder.

Der Körper des Fisches

Es gibt viele verschiedene Fischarten, die sich in Größe, Form und Farbe unterscheiden. Fische leben im Wasser und atmen durch Kiemen. Ihre Haut ist meistens mit Schuppen bedeckt.
Fische bewegen sich mit ihren Flossen fort. Die Schwanzflosse sorgt für das Tempo. Die Bauchflossen, Rückenflossen und Brustflossen sind wichtig zum Steuern und Bremsen.

 Schneide die Puzzleteile aus. Lege das Bild zusammen und klebe es auf ein Blatt.

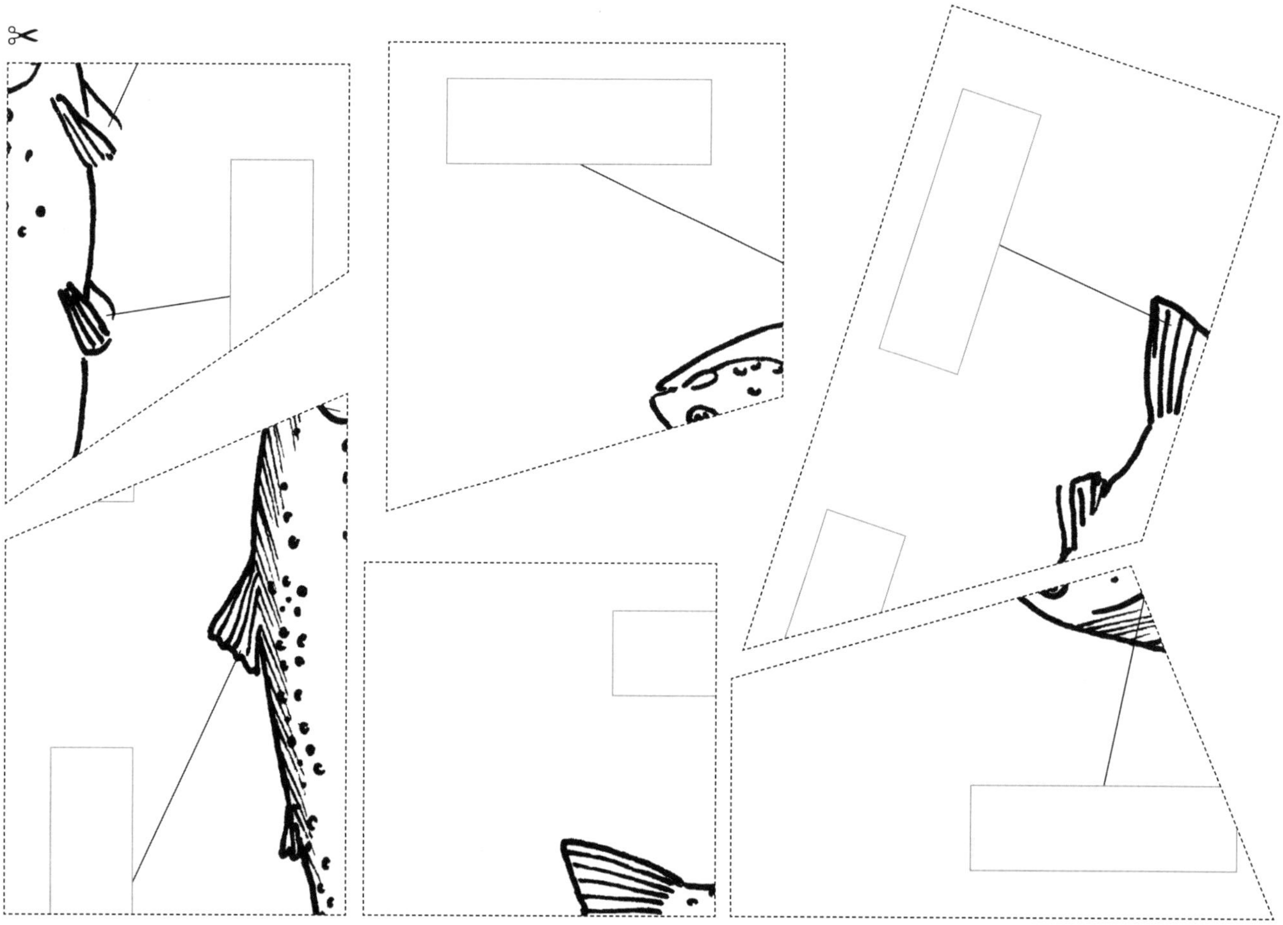

 Wie heißen die Körperteile eines Fisches? Schneide die Wortkärtchen aus und klebe sie an die passenden Stellen.

Kiemen	Rückenflosse	Schwanzflosse	Bauchflosse	Brustflosse

Name:

Verschiedene Aquarienfische

Ein Aquarium mit vielen bunten Fischen sieht besonders schön aus. Farbe und Muster der Fische sind aber nicht nur Zierde, sondern haben verschiedene Aufgaben. Sie dienen zum Beispiel dazu, Männchen bzw. Weibchen anzulocken, Rivalen fernzuhalten, die Rangordnung in der Gruppe zu demonstrieren, sich vor Raubfischen zu verstecken oder bestimmte Stimmungen (Angst, Angriffslust) auszudrücken.

 Male die Fische in den angegebenen Farben aus.

Roter Neon
Größe: 4 bis 5 cm
Farbe: oben blau, unten rot

Black Molly
Größe: 6 bis 10 cm
Farbe: schwarz

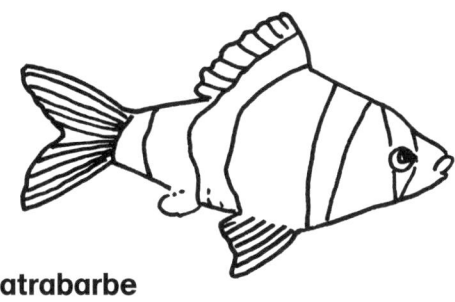

Sumatrabarbe
Größe: 6 bis 7 cm
Farbe: orange mit schwarzen Streifen

Dreilinienpanzerwels / Leopardpanzerwels
Größe: 6 cm
Farbe: hellbraun mit dunkelbraunem Muster

Viele Aquarienfische leben in der Natur in großen Gruppen zusammen, in sogenannten Schwärmen. Deshalb sollten von diesen Fischen auch im Aquarium immer mindestens zehn Exemplare einer Art zusammenleben. Das ist nicht nur für die Tiere angenehmer, sondern sieht auch viel schöner aus.

Name:

Mein Aquarium

 Was passt zusammen? Verbinde.

Lampe	… besonders wichtig für Fische aus warmen Regionen. Die Wassertemperatur hängt davon ab, welche Fische du in deinem Aquarium hältst.
Heizung	… sorgt für Bewegung und reinigt das Wasser im Becken. Grober Schmutz und Giftstoffe, die durch Futterreste, Ausscheidungen der Fische und abgestorbene Pflanzenteile entstehen, bleiben hängen.
Becken	… sollte 10 bis 12 Stunden am Tag eingeschaltet sein, damit die Fische einen geregelten Tag-und-Nacht-Rhythmus haben.
Filter	… Glaskasten, dessen Größe von Art, Größe und Anzahl der Fische abhängt, die in dem Aquarium leben sollen.
Pflanzen	… eignen sich gut zum Bauen von Höhlen und als Versteckmöglichkeit.
Wurzeln und Steine	… Bodenbelag des Beckens, sollte mindestens 5 cm hoch sein.
Kies oder Sand	… sollten saftig grün sein und keine braunen Blätter haben, wenn du sie kaufst.

Name:

Aufgaben eines Aquarienbesitzers

 Lies den Text.

Kontrolliere jeden Tag, ob es deinen Fischen gut geht und ob alle technischen Geräte des Aquariums funktionieren. Jede Woche solltest du einen Teil des Wassers auswechseln. Entferne dazu die Hälfte des alten Wassers mit einem kleinen Eimer und fülle frisches Wasser nach. Auch die Scheiben müssen gereinigt werden.

Nach drei bis vier Monaten ist es Zeit, den Filter zu säubern. Sind die Pflanzen im Aquarium so groß geworden, dass man die Fische nicht mehr richtig sehen kann, müssen die Pflanzen zurückgeschnitten werden.

Die Ernährung von Fischen ist nicht schwierig. Sie bekommen täglich etwas Trockenfutter, das du einfach oben auf die Wasserfläche streust. Für Fische, die am Boden des Aquariums leben, gibt es spezielle Futtertabletten. Außerdem kannst du den Fischen Lebendfutter geben. Das sind kleine Tiere, die man in der Zoohandlung kaufen kann, wie z.B. Mückenlarven, Würmer und kleine Fliegen. Lebendfutter gibt es auch tiefgekühlt als Frosttafeln. Natürlich freuen sich deine Fische auch über Frischkost. Füttere ihnen ab und zu etwas Salat, ein Stück Gurke oder Paprika.

 Was musst du machen, damit sich deine Fische wohlfühlen? Ergänze die Tabelle. Notiere Stichpunkte.

jeden Tag	• _____ • _____ • _____
jede Woche	• _____ • _____
alle paar Monate	• _____ • _____

Suchspiel

Spielplan für alle Tiere

Zubehör	Körperteil	Rasse	Futter
Zubehör	Körperteil	Rasse	Futter
Zubehör	Körperteil	Rasse	Futter

Spielkarten Hund

	Rute		Hundetrockenfutter
	Flanke		Knochen
	Fang		Hundefutter aus der Dose

Suchspiel

Spielkarten Katze

✂

	Tasthaare		Katzenfutter
	scharfe Eckzähne		Katzengras
	scharfe Augen		rohes Fleisch

Spielkarten Kaninchen

✂

	Löffel		Löwenzahn
	Blume		Heu
	Schnurrhaare		Karotten

Suchspiel

Spielkarten Wellensittich

	Federkleid		Hirsekolben
	gebogener Schnabel		Körnermischung
	blaue Nase (Männchen), braune Nase (Weibchen)		Vogelmiere

Spielkarten Fisch

	Kiemen		Fischfutter
	Schuppen		Mückenlarven
	Schwanzflosse		Futtertabletten

Ereigniskarten

✂

Gehe 1 Feld vor.	Gehe 2 Felder vor.	**Tauschkarte** Du darfst eine Frage tauschen.	**Joker** Löse die Karte ein, wenn du eine Frage nicht beantworten kannst.
Gehe 1 Feld zurück.	Gehe 2 Felder zurück.	**Tauschkarte** Du darfst eine Frage tauschen.	**Joker** Löse die Karte ein, wenn du eine Frage nicht beantworten kannst.
Würfle noch einmal.	Setze einmal aus.	**Tauschkarte** Du darfst eine Frage tauschen.	**Joker** Löse die Karte ein, wenn du eine Frage nicht beantworten kannst.

Tierkarten

✂

Tierwürfelspiel

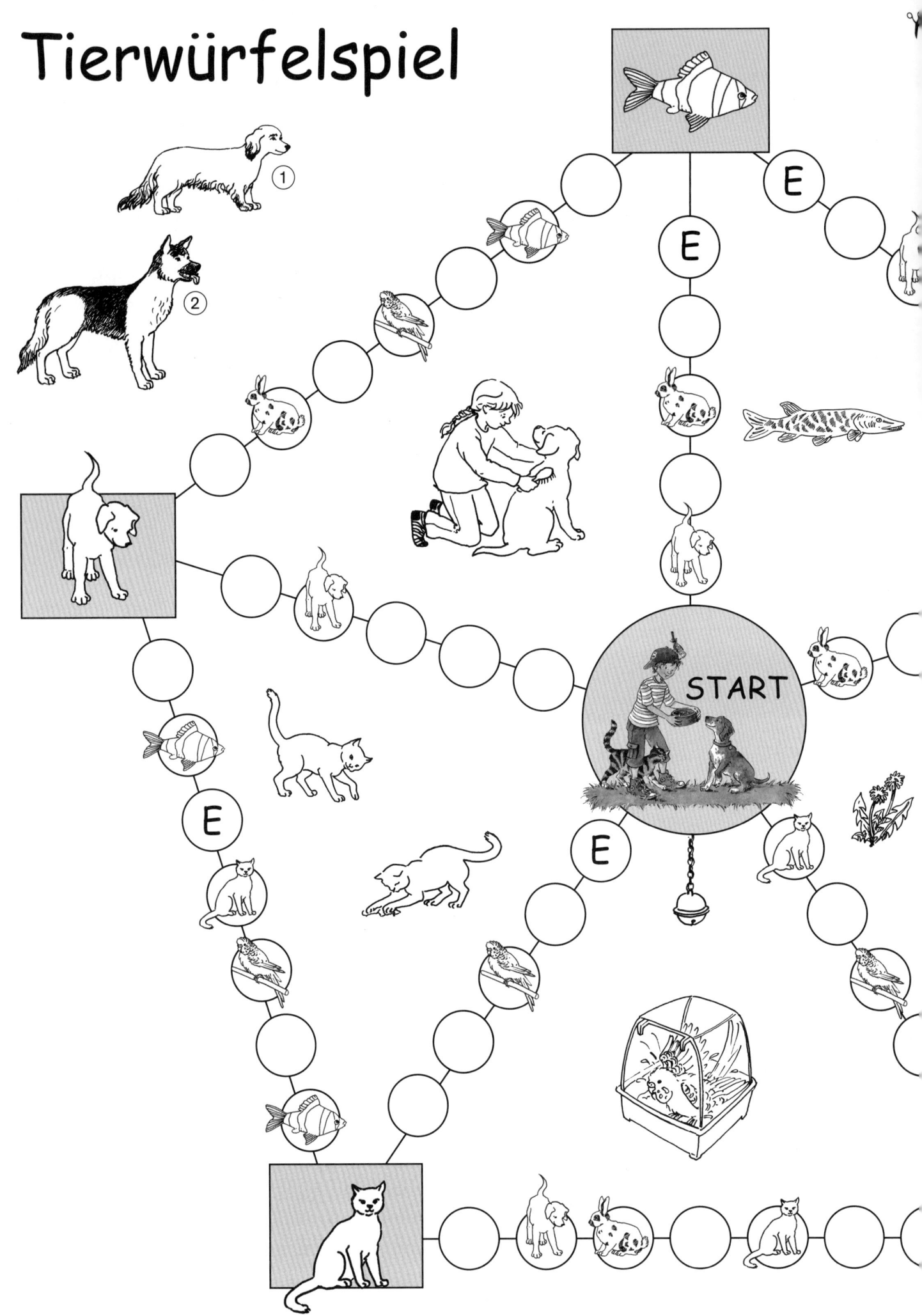

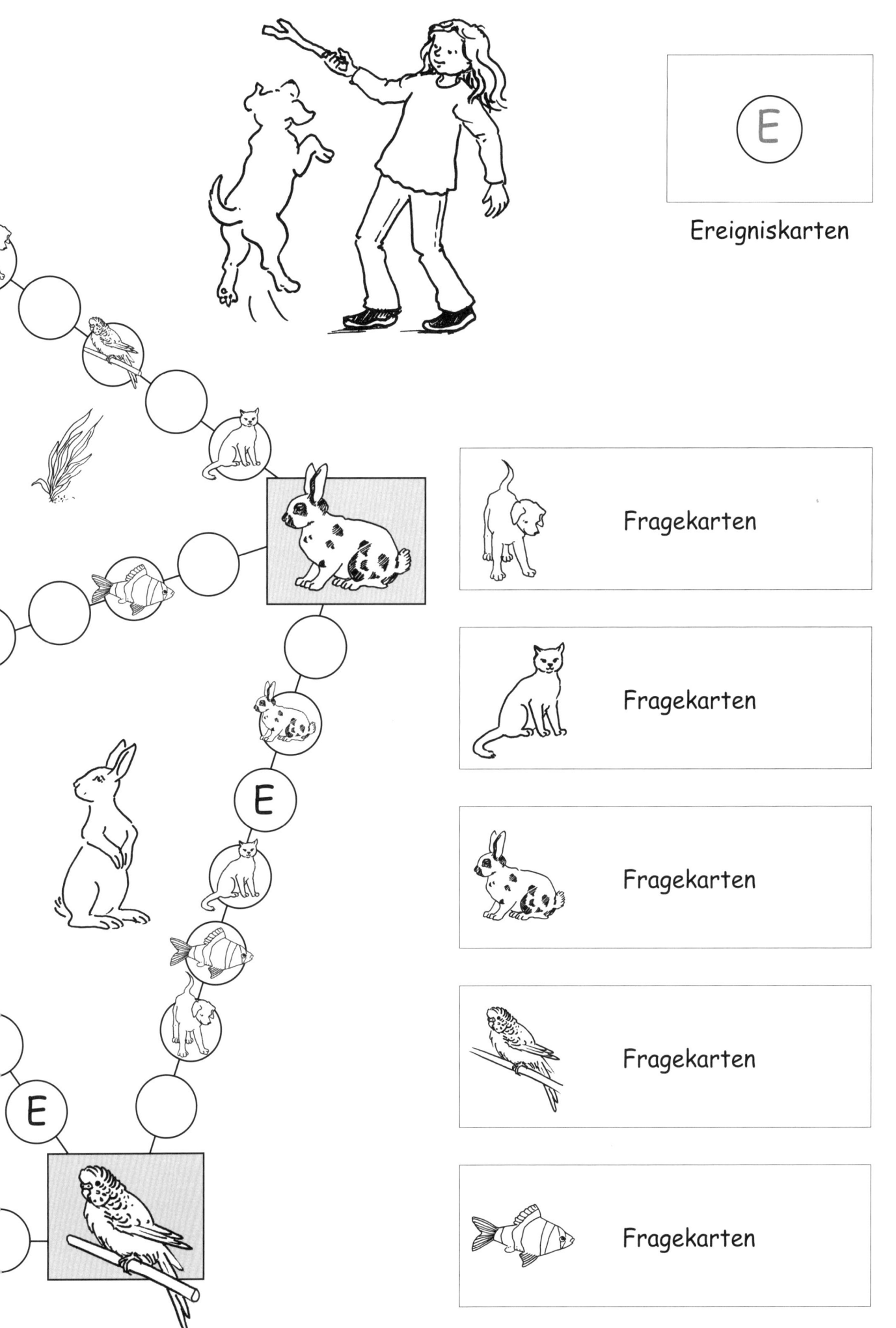

Ereigniskarten

Fragekarten

Fragekarten

Fragekarten

Fragekarten

Fragekarten

Fragekarten

✂

Wie nennt man einen männlichen Hund? *Rüde*	Wie nennt man einen jungen Hund? *Welpe*
Wie nennt man die Schnauze eines Hundes? *Fang*	Was bezeichnet man beim Hund als „Rute"? *den Schwanz*
Von welchem Tier stammt der Hund ab? *vom Wolf*	Wölfe leben meistens nicht allein, sondern in … *Rudeln*
Wie oft sollte man mit seinem Hund am Tag Gassi gehen? *mindestens dreimal*	Was fressen Hunde? Nenne zwei Beispiele. *Dosenfutter, Trockenfutter, Kauknochen, Hundekekse*
Wie oft muss ein Hund pro Tag gefüttert werden? *ein- bis zweimal*	Womit pflegt man das Fell eines Hundes? *Kamm, Bürste, Hundeshampoo*
Was will ein Hund sagen, wenn er die Ohren anlegt und knurrt? *Er will sich verteidigen.*	Wie nennt man Hunde, die Menschen helfen, die schlecht oder nicht mehr sehen können? *Blindenhunde*
Zu welcher Rasse gehört Hund ① auf dem Spielplan? *Dackel*	Zu welcher Rasse gehört Hund ② auf dem Spielplan? *Schäferhund*
Wie nennt man eine männliche Katze? *Kater*	Welche Sinnesorgane sind bei Katzen besonders gut ausgebildet? *Augen und Ohren*

Fragekarten

✂

Wie nennt man die Füße
einer Katze?

Pfoten

Von welcher Katze stammt
unsere Hauskatze ab?

von der afrikanischen Falbkatze

Welche Farbe hat das Fell
der Falbkatze?

sandfarben

Welcher Kurzhaar-Katzentyp
hat einen breiteren Körper
und ein dichtes Fell?

Plumptyp

Sind Perserkatzen
Langhaarkatzen oder
Kurzhaarkatzen?

Langhaarkatzen

Wie oft muss eine
Katze gefüttert werden?

ein- bis zweimal täglich

Wofür braucht die Katze
einen Kratzbaum?

Um ihre Krallen zu schärfen.

Wofür braucht die Katze
Katzengras?

*Um beim Säubern verschlucktes
Fell wieder herauszuwürgen.*

Was macht eine Katze,
wenn sie spielen möchte?

*Sie hält den Kopf hoch und formt
den Schwanz zum Fragezeichen.*

Was frisst eine Katze?
Nenne zwei Beispiele.

*Dosenfutter, Trockenfutter,
rohes Fleisch*

Wie nennt man die Vorder-
beine eines Kaninchens?

Vorderläufe

Was bezeichnet man beim
Kaninchen als „Blume"?

den Schwanz

Wie heißen die Ohren
eines Kaninchens?

Löffel

Warum können Kaninchen
„rundum" blicken?

*Weil sich ihre Augen
seitlich am Kopf befinden.*

Wozu benutzt das Kaninchen
seine Schnurrhaare?

zur Orientierung im Dunkeln

Wo schlafen Wildkaninchen und
ziehen ihre Jungen auf?

in Höhlen unter der Erde

Fragekarten

✂

Wie nennt man Kaninchen, deren Ohren herunterhängen?

Widder

Was fressen Kaninchen? Nenne zwei Beispiele.

Heu, Grünfutter, Obst und Gemüse

Wozu braucht das Kaninchen einen Salzleckstein in seinem Käfig?

Er gibt ihm die nötigen Mineralien.

Was kannst du dem Kaninchen zum Nagen geben? Nenne zwei Beispiele.

Zweige, Baumrinde, altes Brot

Was bedeutet es, wenn das Kaninchen mit den Hinterläufen auf den Boden klopft?

Es hat Stress.

Nenne drei tägliche Aufgaben eines Kaninchenbesitzers.

füttern, Toilettenecke im Käfig reinigen, dem Kaninchen Auslauf ermöglichen

Wenn ein Kaninchen Männchen macht, zeigt es, dass es … ist.

neugierig

Was macht ein Kaninchen, wenn es Angst hat?

Es rennt weg und versteckt sich.

Welche vier Farben können Wellensittiche haben?

Grün, Gelb, Blau, Weiß

Aus welchem Land stammen Wellensittiche ursprünglich?

aus Australien

Welche Farben haben die meisten wildlebenden Wellensittiche?

Grün (Federkleid) und Gelb (Gesicht)

Woran kann man bei den Wellensittichen Männchen und Weibchen unterscheiden?

an der Nase

Welche Farbe hat die Nase eines Wellensittich-Männchens?

Blau

Woher hat der Wellensittich seinen Namen?

von den wellenförmigen Linien auf seinem Federkleid

Nenne zwei Dinge, mit denen der Wellensittich gern im Käfig spielt.

Spiegel, Glöckchen, Gitterball

Was frisst ein Wellensittich? Nenne zwei Beispiele.

Körnermischung, Hirsekolben, Obst, Gemüse, Grünfutter

Fragekarten

✂

Was bedeutet es, wenn sich
der Wellensittich dick aufplustert
und auf einem Bein sitzt?

Er fühlt sich wohl.

Was macht der Wellensittich,
wenn er schlafen möchte?

Er dreht den Kopf nach hinten und
versteckt ihn im Gefieder.

Nenne drei tägliche Aufgaben
eines Wellensittichbesitzers.

füttern, Wasser geben, Näpfe reinigen,
Käfig nachts mit Tuch abdecken

Was muss ein Wellensittich-
besitzer mindestens einmal
in der Woche erledigen?

Käfig säubern, Vogel baden

Wie bewegen sich Fische
im Wasser fort?

durch die Bewegung ihrer Flossen

Welche Arten von Flossen
haben Fische?

Brustflosse, Bauchflosse,
Rückenflosse, Schwanzflosse

Womit atmen Fische?

mit Kiemen

Womit ist die Haut eines Fisches
meist bedeckt?

mit Schuppen

Welche Farben hat
ein Roter Neon?

Rot und Blau

Welcher Fisch ist kein Aquarien-
fisch: Black Molly, Rotbarsch
oder Panzerwels?

Rotbarsch

Nenne zwei tägliche Aufgaben
eines Aquariumbesitzers.

Fische und technische Geräte
kontrollieren, Fische füttern

Wie oft musst du einen
Teil des Wassers im
Aquarium wechseln?

einmal pro Woche

Nenne drei Dinge, die in
ein Aquarium gehören.

Pflanzen, Steine, Sand, Filter,
Lampe, Heizung

Nenne drei Beispiele
für Fischfutter.

Trockenfutter, Futtertabletten, Frisch-
kost, Lebendfutter (Larven, Würmer)

Nenne drei Aquarienfische.

Black Molly, Roter Neon,
Panzerwels, Sumatrabarbe

Warum eignen sich nicht alle
Fischarten für ein Aquarium?

Manche sind zu groß oder
haben zu spezielle Bedürfnisse.

Fragepuzzle

Frageunterlage Hund

Welcher Hund ist weiß und hat schwarze Flecken?	Wie oft musst du deinen Hund füttern?	Wie oft musst du mit deinem Hund Gassi gehen?	Womit pflegst du das Fell deines Hundes?
Von welchem Tier stammt der Hund ab?	Wie nennt man ein Hundebaby?	Wie wird der Schwanz eines Hundes genannt?	Wie nennt man die Vorderbeine eines Hundes?
Wie nennt man das Maul eines Hundes?	Was wird beim Hund „Flanke" genannt?	Was bedeutet es, wenn ein Hund jault?	Was tut ein Hund, wenn er sich unterordnen will?

Frageunterlage Katze

Wie nennt man das männliche Tier?	Von welchem Tier stammt unsere Hauskatze ab?	Wie nennt man die Füße einer Katze?	Welche Funktion haben die Tasthaare?
Womit erkennt die Katze bei Dunkelheit Hindernisse?	Wozu nutzt die Katze ihre Krallen?	Wann musst du deine Katze bürsten?	Wozu braucht eine Hauskatze einen Kratzbaum?
Wie oft musst du deine Katze füttern?	Was gibst du deiner Katze zu trinken?	Welche Katzenrasse gehört zu den Langhaarkatzen?	Wie nennt man Katzen mit kurzem, dichtem Fell und breiterem Körper?

Fragepuzzle

Frageunterlage Kaninchen

Warum können Kaninchen besonders gut hören?	Wie nennt man die Ohren des Kaninchens?	Welches Körperteil nennt man „Blume"?	Wie nennt man die kleinste Kaninchenrasse?
Wie nennt man Kaninchen mit hängenden Ohren?	Warum braucht das Kaninchen einen Salzleckstein?	Was frisst ein Kaninchen gern?	Was macht ein Kaninchen, wenn es Angst hat?
Wo wohnen Wildkaninchen?	Welche Dinge gehören in einen Kaninchenkäfig?	Wie oft musst du den Kaninchenkäfig säubern?	Was legst du auf den Boden des Käfigs?

Frageunterlage Wellensittich

Welche Farbe hat die Nase eines Wellensittich-Männchens?	Welche Farbe hat die Nase eines Wellensittich-Weibchens?	Wie viele Zehen hat ein Wellensittich?	Welche Farbe haben die meisten wilden Wellensittiche?
Womit spielt ein Wellensittich gern?	Was streust du auf den Boden des Käfigs?	Wozu braucht der Wellensittich eine Sepiaschale?	Woher stammen Wellensittiche ursprünglich?
Was bedeutet es, wenn sich ein Wellensittich aufplustert?	Was bedeutet es, wenn sich ein Wellensittich ganz dünn macht?	Wie oft gibst du dem Wellensittich neues Futter?	Wie oft reinigst du den Käfig des Wellensittichs gründlich?

Fragepuzzle

Frageunterlage Fisch

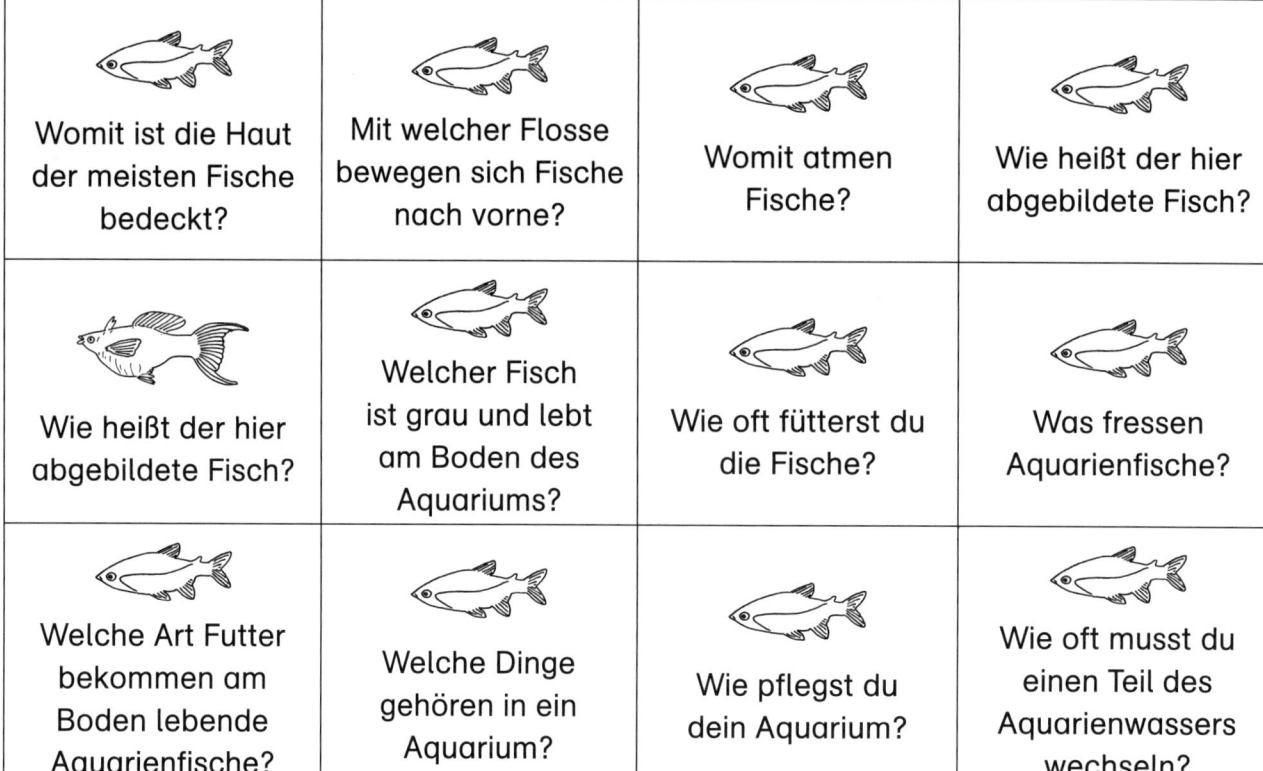

Womit ist die Haut der meisten Fische bedeckt?	Mit welcher Flosse bewegen sich Fische nach vorne?	Womit atmen Fische?	Wie heißt der hier abgebildete Fisch?
Wie heißt der hier abgebildete Fisch?	Welcher Fisch ist grau und lebt am Boden des Aquariums?	Wie oft fütterst du die Fische?	Was fressen Aquarienfische?
Welche Art Futter bekommen am Boden lebende Aquarienfische?	Welche Dinge gehören in ein Aquarium?	Wie pflegst du dein Aquarium?	Wie oft musst du einen Teil des Aquarienwassers wechseln?

Frageunterlage Heimtiere

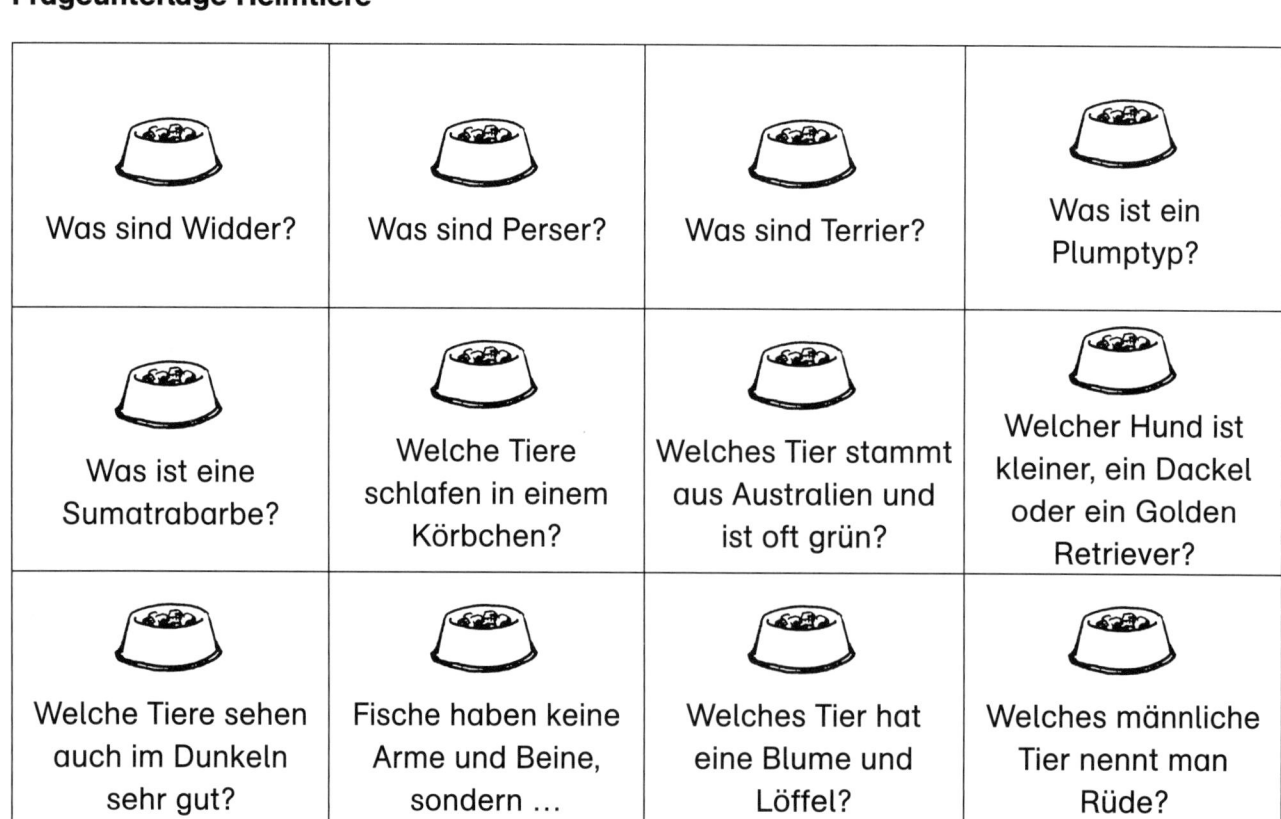

Was sind Widder?	Was sind Perser?	Was sind Terrier?	Was ist ein Plumptyp?
Was ist eine Sumatrabarbe?	Welche Tiere schlafen in einem Körbchen?	Welches Tier stammt aus Australien und ist oft grün?	Welcher Hund ist kleiner, ein Dackel oder ein Golden Retriever?
Welche Tiere sehen auch im Dunkeln sehr gut?	Fische haben keine Arme und Beine, sondern …	Welches Tier hat eine Blume und Löffel?	Welches männliche Tier nennt man Rüde?

 Materialien für den Unterricht: Ingrid Sachs, Haustiere in der Grundschule © Hase und Igel Verlag, München

Antwortkarten Hund

✂

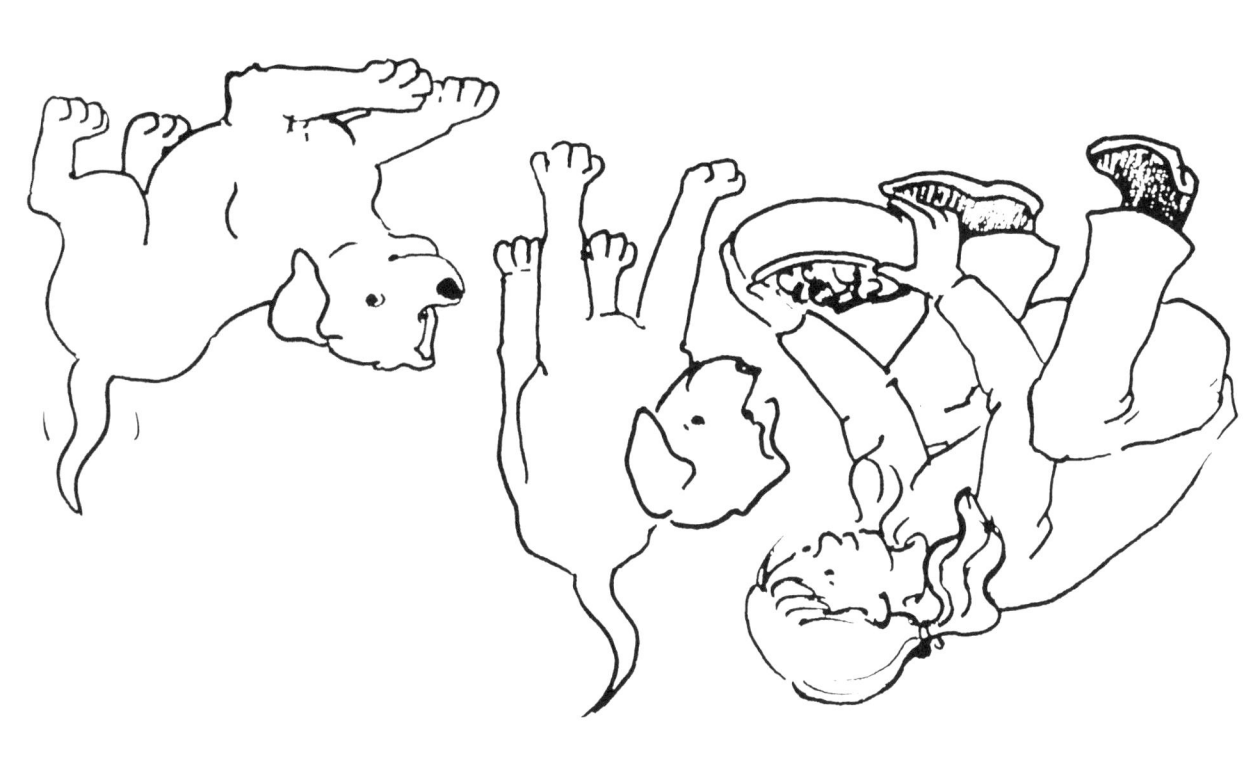

mit einer Bürste	mindestens dreimal täglich	ein- bis zweimal täglich	Dalmatiner
Vorderläufe	Rute	Welpe	Wolf
Er legt sich auf den Rücken.	Er hat Schmerzen.	die Seite	Fang

Antwortkarten Katze

✂

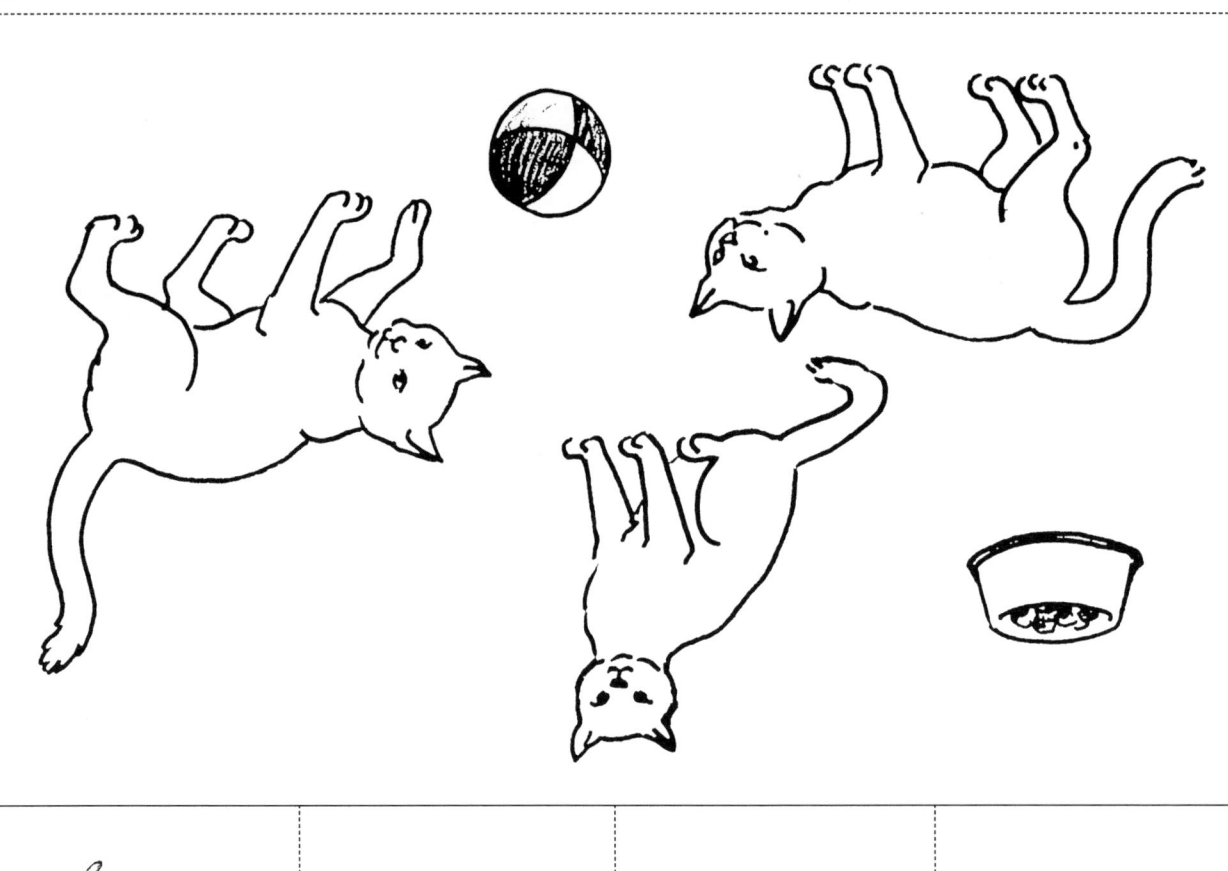

 Hindernisse erkennen	Pfoten	Falbkatze	Kater
Um sich ihre Krallen zu schärfen.	beim Wechseln vom Winterfell in das Sommerfell	zum Klettern, beim Beutefang, als Waffe	mit ihren Tasthaaren
Plumptyp-Katzen	Perserkatze	Wasser	zweimal täglich, am besten morgens und abends

Antwortkarten Kaninchen

✂

Zwergkaninchen	den Schwanz	Löffel	Sie können ihre Ohren drehen.

Es rennt weg und versteckt sich.	Heu, Grünfutter, Obst oder Gemüse	Er gibt ihm Mineralien.	Widder

Streu, darüber etwas Stroh	mindestens einmal in der Woche	Futternapf, Trink-flasche, Salzleckstein, Schlafhäuschen	in Erdhöhlen

Antwortkarten Wellensittich

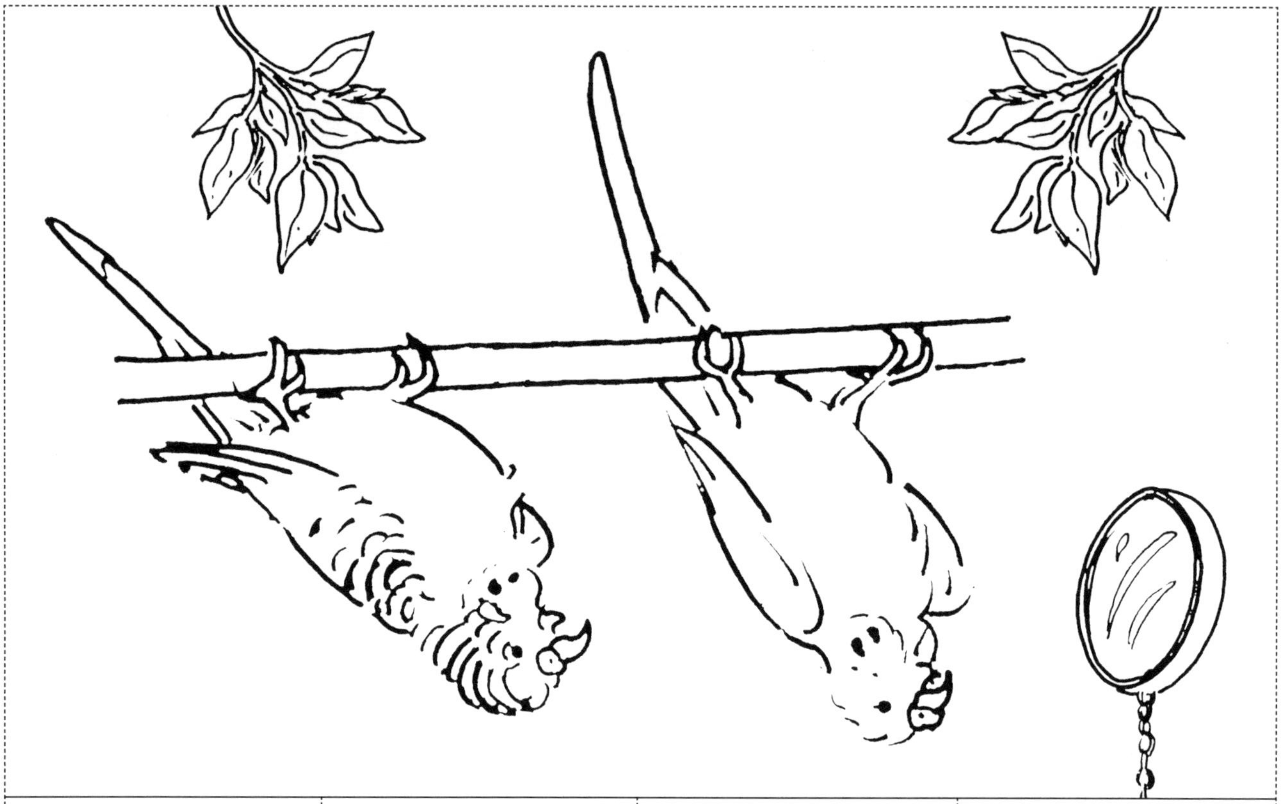

✂

Grün	vier	Braun	Blau
aus Australien	zum Schnabel-wetzen	Vogelsand	Glöckchen, Spiegel, Gitterball
einmal pro Woche	einmal am Tag	Er hat Angst.	Er fühlt sich wohl.

Antwortkarten Fisch

✂

Roter Neon	mit Kiemen	mit der Schwanzflosse	mit Schuppen
Trocken-, Lebend- und Frostfutter, Futtertabletten, Frischkost	einmal am Tag	Dreilinienpanzer-wels	Black Molly
einmal in der Woche	Wasser wechseln, Scheiben reinigen, Filter säubern, Pflanzen schneiden	Pflanzen, Wurzeln, Sand, Steine, Lampe, Filter, Heizung	Futtertabletten

Antwortkarten Heimtiere

✂

 ein Katzentyp mit breiterem Körper und kurzem, dichtem Fell	 eine Hunderasse	 eine langhaarige Katzenrasse	 eine Kaninchenrasse mit Hängeohren
 Dackel	 Wellensittich	 Hunde und Katzen	 ein Fisch
Hund	Kaninchen	Flossen	Katzen

Freiarbeitsmaterialien

Die folgenden Arbeitsblätter sind für die freie Arbeit im Rahmen des offenen Unterrichts (z. B. Wochenplan, Lernen an Stationen) oder als Hausaufgabe gedacht. Sie sind auf die Kopiervorlagen im ersten Teil des zweiten Kapitels abgestimmt und bieten den Kindern die Möglichkeit, ihr Wissen über die Heimtiere Hund, Katze, Kaninchen, Wellensittich und Fisch selbstständig zu festigen.

Je nach Interesse können einzelne Arbeitsblätter ausgewählt werden. Innerhalb des Rahmens, in dem die Freiarbeitsmaterialien eingesetzt werden, entscheiden die Schüler selbst, wann, wo, mit wem und wie sie die Kopiervorlagen bearbeiten. Als Lehrerin oder Lehrer begleiten sie diese Lernform: Statt Wissen zu vermitteln, helfen Sie bei Fragen und Problemen und geben den Kindern Rückmeldungen zu ihren Aktivitäten.

Wochenplanarbeit

Diese Methode zur Öffnung des Unterrichts stellt eine Alternative zum Frontalunterricht dar, ohne jedoch dem Lehrer die Kontrolle völlig aus der Hand zu nehmen. Die Kinder erhalten zu Beginn eines bestimmten Zeitraums (z. B. fünf Unterrichtseinheiten) einen Plan, auf dem die zu erledigenden Aufgaben notiert sind. Wie viel Zeit sie für die Bearbeitung der einzelnen Aufgaben aufwenden, können die Schüler selbst bestimmen, auch die Reihenfolge und die Sozialform können frei gewählt werden. Die Hilfe des Lehrers wird nur dann in Anspruch genommen, wenn es unbedingt erforderlich ist. Bei der Korrektur der erledigten Aufgaben sollte den Schülern die Möglichkeit zur Selbstkontrolle gegeben werden.

Lernen an Stationen

Auch bei dieser Form des offenen Arbeitens wird berücksichtigt, dass die Lernvoraussetzungen, die Herangehensweisen sowie das Lern- und Arbeitstempo eines jeden Kindes unterschiedlich sind. An verschiedenen Arbeitsstationen werden einzelne vorbereitete Arbeitsaufträge angeboten, die die Kinder selbstständig, in beliebiger Abfolge und meist auch in frei gewählter Sozialform bearbeiten. Dabei kann zwischen Pflicht- und Wahlaufgaben unterschieden werden.

Die Arbeitsangebote (Arbeitsblätter) werden entweder an die Wände des Klassenzimmers gehängt oder auf Tischen ausgelegt. Die in dem vorliegenden Material angebotenen Kopiervorlagen können dabei natürlich mit eigenen Materialien ergänzt werden. Kennzeichnen Sie die einzelnen Stationen mit Ziffern oder Symbolen, das erleichtert den Kindern die Orientierung. Möchten Sie Ihren Schülern die Möglichkeit zur Selbstkontrolle geben,

kopieren Sie das jeweilige Arbeitsblatt auf ein andersfarbiges Papier, bearbeiten es anschließend und deponieren es dann in einem Umschlag als Musterlösung an der entsprechenden Station.

Jedes Kind erhält einen Laufzettel (KV „Kontrollblatt", Seite 85) mit einer Übersicht über die zu erledigenden Aufgaben. Anhand dieses Blattes können sowohl die Kinder als auch Sie sich über den aktuellen Bearbeitungsstand informieren.

Kontrollblatt

KV Seite 85

Auf diesem Blatt können Sie die Arbeitsaufträge für Ihre Schüler individuell zusammenstellen. Tragen Sie in die obere Tabelle die Pflichtaufgaben und in die untere Tabelle die Wahlaufgaben ein. In die Spalte „Tier" kommt dabei die Bezeichnung des entsprechenden Heimtiers, unter „Thema" wird entweder die Überschrift der Kopiervorlage eingetragen oder, falls Sie die Kopiervorlagen mit eigenen Materialien ergänzen wollen, das Thema in allgemeiner Form angegeben. In der Spalte „erledigt" kreuzen die Kinder bereits bearbeitete Aufgaben an. In der letzten Spalte bestätigen Sie, dass Sie die Arbeit kontrolliert haben. So können die Schüler – und auch Sie – jederzeit den Bearbeitungsstand überblicken.

Hund

Unser Hund

KV Seite 86

Diese Kopiervorlage greift die Inhalte der KV „Unser Hund" (Seite 31) und „Der Körper des Hundes" (Seite 32) auf. Die Kinder ordnen die Begriffe Rüde, Welpe, Hündin der abgebildeten Hundefamilie zu und schreiben anschließend die Bezeichnungen der Körperteile an die passenden Stellen.

Lösung

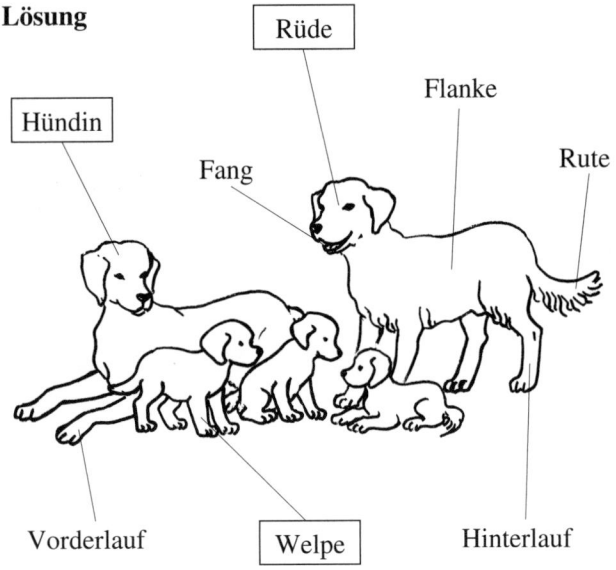

Rüde

Hündin

Fang

Flanke

Rute

Vorderlauf

Welpe

Hinterlauf

Das Anfangskärtchen wird ausgelegt, die restlichen Kärtchen werden entsprechend angelegt.

Lösung

Anfang	🐕	Collie	🐕	Deutscher Schäfer-hund	🐕
West High-land Terrier	🐕	Golden Retriever	🐕	Dackel	🐕
Pudel	🐕	Yorkshire Terrier	🐕	Dalmatiner	🐕
Bernhar-diner		**Ende**			

KV Seite 87 Hund und Wolf

Diese Kopiervorlage greift die Inhalte der KV „Hund und Wolf" (Seite 33) auf. Anhand der Kärtchen mit Informationen zu einzelnen Bereichen vergegenwärtigen sich die Kinder noch einmal die Unterschiede zwischen Hund und Wolf.

Lösung

	Hund	Wolf
Größe	Je nach Rasse kann er unterschiedlich groß sein.	Seine Größe beträgt 80 bis 160 cm.
Wohnort	Er lebt beim Menschen.	Er lebt meistens im Wald.
Zusammenleben	Der Mensch ist das Leittier.	Er lebt in einem Rudel mit einem Leittier.
Verständigung	Er bellt.	Er heult.
Futter	Er bekommt Dosen- oder Trockenfutter.	Er macht Jagd auf andere Tiere.

KV Seite 88 Hunderassen-Domino

Diese Kopiervorlage greift die Inhalte der KV „Viele verschiedene Hunde" (Seite 34) auf. Mit dem Domino lassen sich spielerisch einige bekannte Hunderassen wiederholen. Dazu werden die Kärtchen laminiert und an der gestrichelten Linie ausgeschnitten. Das Spiel kann allein oder mit einem Partner gespielt werden.

KV Seite 89 Was braucht ein Hund?

Diese Kopiervorlage greift die Inhalte der KV „Was braucht ein Hund?" (Seite 35) auf. Die Kinder betrachten die Bilder, streichen Gegenstände, die nicht zum Hund passen, durch und malen die anderen Gegenstände aus.

Lösung

Leine, Knochen, Halsband, Hundefutter, Hundeshampoo, Ball, Körbchen, Kamm und Bürste, Fressnapf, Wassernapf

KV Seite 90 Aufgaben eines Hundebesitzers

Diese Kopiervorlage greift die Inhalte der KV „Aufgaben eines Hundebesitzers" (Seite 36) auf. In Anlehnung an den Text sollen die richtigen Antworten markiert werden. Achtung: Pro Kasten kann mehr als eine Antwort richtig sein.

Lösung

1. Mein Hund muss mindestens dreimal am Tag Gassi gehen.
   Einmal am Tag muss sich der Hund im Freien richtig austoben können.
2. Ich muss meinen Hund zweimal am Tag füttern.
   Jeden Tag braucht mein Hund frisches Wasser.
3. Ich spiele mit meinem Hund mehrmals am Tag.
4. Mein Hund muss regelmäßig zum Tierarzt.
5. Bei einem langhaarigen Hund sollte das Fell jeden Tag gebürstet werden.
   Für die Fellpflege brauche ich eine Bürste.

Eckzähne – Beute festhalten und töten

Schwanz – Balance halten beim Springen

Krallen – klettern und Beute festhalten

Tasthaare – Hindernisse erkennen

KV
Seite
91
Verstehst du deinen Hund?

Diese Kopiervorlage greift die Inhalte der KV „Verstehst du deinen Hund?" (Seite 37) auf. Die Körpersprache zeigt, wie sich der Hund fühlt. Davon ausgehend leiten die Kinder ab, was der Hund ihnen durch Mimik und Körperhaltung wohl sagen möchte.

Mögliche Lösung

Spielst du mit mir?

Ich habe schlechte Laune. Sieh dich vor!

Das ist mein Revier, komm mir nicht zu nahe!

Ich weiß, du bist der Chef!

Katze

KV
Seite
92
Der Körper der Katze

Diese Kopiervorlage greift die Inhalte der KV „Der Körper der Katze" (Seite 39) auf. Die Kinder benennen die Körperteile einer Katze und ordnen in einem zweiten Arbeitsschritt jedem Körperteil anhand der Vorgaben eine Aufgabe zu.

Lösung
Aufgabe 1:

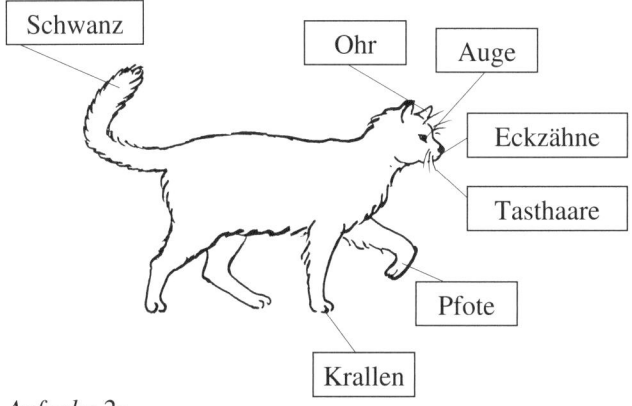

Aufgabe 2:

Ohren – Geräusche in großen Entfernungen erkennen

Augen – sogar in der Dämmerung und bei Dunkelheit gut sehen

Fell – gegen Kälte und Nässe schützen

KV
Seite
93
Hauskatze und Falbkatze

Diese Kopiervorlage greift die Inhalte der KV „Hauskatze und Falbkatze" (Seite 40) und „Was braucht eine Katze?" (Seite 42) auf. In Anlehnung an das auf diesen Arbeitsblättern vermittelte Wissen überlegen die Kinder, ob die Aussagen zur Hauskatze oder zur Falbkatze passen bzw. auf beide Tiere zutreffen.

Lösung

	Hauskatze	Falbkatze
Sie lebt in freier Wildbahn.		X
Sie schläft in einem Körbchen.	X	
Sie ist etwa 50 cm lang.	X	X
Sie macht Jagd auf Nagetiere und Vögel.	X	X
Sie ist an Menschen gewöhnt.	X	
Wenn sie Hunger hat, geht sie auf die Jagd.		X
Ihr Fell kann verschiedene Farben und Muster haben.	X	
Sie schärft ihre Krallen an einem Kratzbaum.	X	
Sie lebt die meiste Zeit allein.		X
Sie bekommt spezielles Katzenfutter.	X	
Sie lebt da, wo sie einen Schlafplatz und Nahrung findet.		X
Sie hat ein sandfarbenes Fell.		X
Sie lebt in der Wohnung oder draußen im Garten.	X	

KV
Seite
94

Was braucht eine Katze?

Diese Kopiervorlage greift die Inhalte der KV „Was braucht eine Katze?" (Seite 42) auf. Hier setzen die Kinder mehrsilbige Wörter passend zusammen. Die „Geheimschrift", die die Ober- und Unterlängen der gesuchten Wörter bereits an den richtigen Stellen anzeigt, ist dabei eine Hilfe.

Zur Unterstützung weniger leistungsstarker Schüler können Sie die gesuchten Wörter auf Wortkarten schreiben, diese in Silben zerschneiden und so die Kinder die Lösung zunächst handelnd finden lassen.

Lösung

Fress-napf	Kat-zen-klo	Spiel-zeug-maus
Do-sen-fut-ter	Was-ser	Kratz-baum
Kat-zen-gras	Körb-chen	

KV
Seite
95

Verstehst du deine Katze?

Diese Kopiervorlage greift die Inhalte der KV „Verstehst du deine Katze?" (Seite 43) auf. Die Interpretation von Körpersprache und Mimik einer Katze kann mithilfe des Memory-Spiels wiederholt werden. Dafür werden die Kärtchen laminiert, ausgeschnitten und verdeckt ausgelegt. Die Spieler decken abwechselnd jeweils zwei Kärtchen auf. Passen diese zusammen, darf der Spieler sie behalten. Andernfalls werden die Kärtchen wieder umgedreht und der nächste Spieler ist an der Reihe.

Lösung

Spiel   Wut   Verteidigung

Wohlfühlen   Angst

Kaninchen

KV
Seite
96

Der Körper des Kaninchens

Diese Kopiervorlage greift die Inhalte der KV „Der Körper des Kaninchens" (Seite 45) auf. Die Kinder betrachten die beiden Kaninchen und stellen Unterschiede in der Haltung und Färbung einzelner Körperteile fest. Diese werden zunächst in den Abbildungen eingekreist. In einem zweiten Arbeitsschritt sollen die Unterschiede verbalisiert werden. Als Hilfe dienen die

Stichpunkte auf der Kopiervorlage. Lernstärkere Schüler füllen die Tabelle in der zweiten Aufgabe mit ihren eigenen Worten aus.

Lösung

Aufgabe 2:

	Kaninchen auf Bild 1	Kaninchen auf Bild 2
Ohren	beide stehen aufrecht	eins steht aufrecht, eins hängt herunter
Blume	gut zu sehen	hinter dem Körper versteckt
Vorderlauf	beide hell	einer hell, einer dunkel
Hinterlauf	beide auf der Erde	„trommelt" mit einem
Schnurrhaare	stehen zur Seite	hängen herunter

KV
Seite
97

Hauskaninchen und Wildkaninchen

Diese Kopiervorlage greift die Inhalte der KV „Hauskaninchen und Wildkaninchen" (Seite 46) auf. Bei dem Vergleich von Wildkaninchen und Hauskaninchen verdeutlichen sich die Kinder noch einmal die Unterschiede der beiden Tiere. Die Kärtchen werden ausgeschnitten und in die Tabelle eingeklebt.

Lösung

	Hauskaninchen	Wildkaninchen
Wohnort	Es lebt in einem Gehege, Stall oder Käfig.	Es lebt an Waldrändern, in Gärten oder Parks.
Futter	Es frisst Obst, Gemüse, Heu, Löwenzahn und Trockenfutter.	Es frisst hauptsächlich Kräuter und Gräser.
Schlafplatz	Es schläft gerne in einem Häuschen.	Es schläft in einer Höhle unter der Erde.
Zusammenleben	Es lebt beim Menschen.	Es lebt in Familien oder Gruppen zusammen.
Aussehen	Es kann verschiedene Fellfarben haben.	Es ist graubraun und hat einen weißen Schwanz.
Größe	Es wird 22 bis 28 cm lang.	Es wird 35 bis 45 cm lang.

KV Seite 98

Was braucht ein Kaninchen?

Diese Kopiervorlage greift die Inhalte der KV „Was braucht ein Kaninchen?" (Seite 48) auf. Die Kinder schauen sich die abgebildeten Gegenstände an, überlegen, was ein Hauskaninchen braucht, und kreuzen entsprechend mit Bleistift an. Anschließend überprüfen sie ihre Vermutung, indem sie die Linie von dem angekreuzten Gegenstand ausgehend nachfahren.

Lösung

Aufgabe 1:
Käfig, Karotte, Heu, Brot, Löwenzahn, Stroh

Aufgabe 2:
Häuschen, Trinkflasche, Futternapf, Salzleckstein

KV Seite 99

Verstehst du dein Kaninchen?

Diese Kopiervorlage greift die Inhalte der KV „Verstehst du dein Kaninchen?" (Seite 50) auf. Anhand des Domino-Spiels verdeutlichen sich die Kinder noch einmal die Bedeutung der unterschiedlichen Körperhaltungen eines Kaninchens. Das Spiel kann allein oder mit einem Partner gespielt werden. Die Kärtchen werden laminiert, an den gestrichelten Linien ausgeschnitten und gleichmäßig verteilt. Dann wird das Anfangskärtchen ausgelegt und die restlichen Kärtchen werden entsprechend angelegt.

Lösung

Anfang		Neugier		Ruhe	
Angst		Stress		Schreck	**Ende**

Wellensittich

KV Seite 100

Viele verschiedene Wellensittiche

Hier können die Kinder ihre kombinatorischen Fähigkeiten unter Beweis stellen. Mit Flügel, Schwanz, Bauch und Kopf ergeben sich vier Merkmale, die mit zwei verschiedenfarbigen Stiften ausgemalt werden sollen. Es gibt 16 Möglichkeiten. Profis behelfen sich mit einer Tabelle oder einem Entscheidungsbaum.

Diese Aufgabe erfordert systematisches Denken und ist daher gut als Differenzierungsaufgabe für schnelle und leistungsstärkere Schüler geeignet.

KV Seite 101

Was braucht ein Wellensittich?

Diese Kopiervorlage greift die Inhalte der KV „Was braucht ein Wellensittich?" (Seite 53) auf. Mithilfe des Domino-Spiels wiederholen die Kinder, was ein Wellensittich an Zubehör und Nahrung braucht. Das Spiel eignet sich für zwei Spieler. Die Kärtchen werden laminiert, an den gestrichelten Linien ausgeschnitten und gleichmäßig an die Spieler verteilt. Das Anfangskärtchen wird ausgelegt und die restlichen Kärtchen werden entsprechend angelegt.

Lösung

Anfang	Hirse-kolben		Obst		Käfig
	Futternapf		Wasser-spender		Vogelsand
	Glöckchen		Sepia-schale		Bade-häuschen
Ende					

KV Seite 102

Aufgaben eines Wellensittichbesitzers

Diese Kopiervorlage erweitert und ergänzt die Inhalte der KV „Aufgaben eines Wellensittichbesitzers" (Seite 54). Die Kinder schneiden die Textstreifen an den gestrichelten Linien aus und bringen sie in die richtige Reihenfolge. So lernen sie, welche Arbeitsschritte beim Reinigen eines Wellensittichkäfigs in welcher Reihenfolge notwendig sind. Zur Selbstkontrolle ergibt sich bei korrekter Abfolge das Bild eines Wellensittichs.

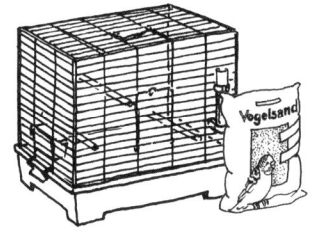

KV Seite 103

Verstehst du deinen Wellensittich?

Diese Kopiervorlage greift die Inhalte der KV „Verstehst du deinen Wellensittich?" (Seite 55) auf. Anhand der Bilder wiederholen die Kinder noch einmal die Bedeutung der verschiedenen Körperhaltungen eines Wellensittichs. Ergänzend können sie ihre Zuordnung mündlich oder schriftlich begründen.

Lösung

 Ich bin müde und möchte schlafen.

 Mir geht's prima, ich fühle mich wohl.

 Ich bin krank.

 Sieh dich vor, sonst hacke ich dir in den Finger.

 Ich habe Angst.

Fisch

KV Seite 104
Der Körper des Fisches

Diese Kopiervorlage greift die Inhalte der KV „Der Körper des Fisches" (Seite 56) auf. Die Kinder lösen die einzelnen Rechenaufgaben und malen die Felder entsprechend farbig aus: den Kopf grün, die Flossen rot, das Auge gelb und den Körper blau. Die einzelnen Körperteile des Fisches kommen so noch einmal besonders deutlich zur Geltung.

Lösung

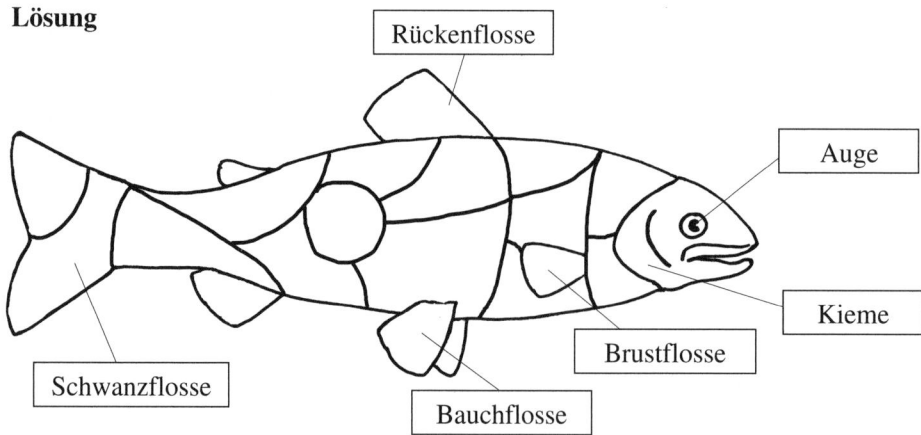

Rückenflosse · Auge · Kieme · Brustflosse · Bauchflosse · Schwanzflosse

KV Seite 105
Alle meine Fische

Diese Kopiervorlage greift die Inhalte der KV „Verschiedene Aquarienfische" (Seite 57) auf. Schon beim Vergleich von Größe und Lebensraum (Süß-/Salzwasser, unterschiedliche Wassertemperatur) der einzelnen Fische wird deutlich, dass sich einige der aufgeführten Arten nicht als Besatz eines Aquariums eignen. Im Hinblick auf die Nahrung von Aal, Rotbarsch, Hecht und Forelle kann weiterführend auf die Unterscheidung von Raub- und Friedfischen eingegangen werden.

Lösung

Sumatrabarbe, Dreilinienpanzerwels, Black Molly, Roter Neon

Begründung: Rotbarsch, Hecht und Forelle sind – anders als die übrigen Fische – Kaltwasserfische, der Rotbarsch lebt außerdem nur im Salzwasser. Der Aal ist zwar ein Süß- und Warmwasserfisch, zählt aber wie Rotbarsch, Hecht und Forelle auch zu den Raubfischen.

Name:

Kontrollblatt

Das musst du machen:

Tier	Thema	erledigt	kontrolliert

Hier kannst du wählen:

Tier	Thema	erledigt	kontrolliert

Name:

Unser Hund

 Wer ist wer? Schreibe in den richtigen Kasten:

Welpe

Rüde

Hündin

 Beschrifte die Hundekörper. Schreibe folgende Begriffe auf die Linien:

Vorderlauf

Rute

Fang

Flanke

Hinterlauf

Name:

Hund und Wolf

Der Hund stammt vom Wolf ab. Die beiden Tiere haben viele Gemeinsamkeiten, aber auch Unterschiede.

 Schneide die Kärtchen aus, ordne sie richtig zu und klebe sie ein.

	Hund	Wolf
Größe		
Wohnort		
Zusammenleben		
Verständigung		
Futter		

✂

Seine Körperlänge beträgt 100 bis 160 cm.	Der Mensch ist das Leittier.	Je nach Rasse kann er unterschiedlich groß sein.	Er lebt meistens im Wald.
Er bekommt Dosen- oder Trockenfutter.	Er heult.	Er lebt in einem Rudel mit einem Leittier.	Er macht Jagd auf andere Tiere.
	Er bellt.	Er lebt beim Menschen.	

Hunderassen-Domino

✂

Anfang		Golden Retriever	
Deutscher Schäferhund		Collie	
Dalmatiner		Dackel	
Yorkshire Terrier		Pudel	
West Highland Terrier		Bernhardiner	**Ende**

Name:

Was braucht ein Hund?

 Male die richtigen Bilder aus und streiche die falschen Bilder durch.

Name:

Aufgaben eines Hundebesitzers

Was musst du machen, damit dein Hund sich bei dir wohlfühlt?
Kreuze die richtigen Antworten an.

- [ ] Ich gehe mit meinem Hund zweimal am Tag kurz Gassi.
- [ ] Mein Hund muss mindestens dreimal am Tag Gassi gehen.
- [ ] Einmal am Tag muss sich der Hund im Freien richtig austoben können.
- [ ] Tagsüber muss der Hund nicht raus.

- [ ] Der Hund bekommt immer Futter, wenn ich etwas esse.
- [ ] Ich muss meinen Hund zweimal am Tag füttern.
- [ ] Der Hund bekommt nur alle zwei Tage Nahrung.
- [ ] Jeden Tag braucht mein Hund frisches Wasser.

- [ ] Ich spiele mit meinem Hund mehrmals am Tag.
- [ ] Es reicht, wenn ich einmal in der Woche mit dem Hund spiele, sonst wird er zu sehr verwöhnt.
- [ ] Ich darf meinen Hund nur einmal am Tag streicheln.

- [ ] Mein Hund muss regelmäßig zum Tierarzt.
- [ ] Ich gehe nur zum Tierarzt, wenn der Hund krank ist.

- [ ] Einmal in der Woche muss ich das Fell bürsten.
- [ ] Bei einem langhaarigen Hund sollte das Fell jeden Tag gebürstet werden.
- [ ] Einmal im Monat schneidet man das Fell ab, dann muss es nicht so oft gepflegt werden.
- [ ] Für die Fellpflege brauche ich eine Bürste.
- [ ] Ich wasche das Fell meines Hundes mit Waschpulver.

Name:

Verstehst du deinen Hund?

 Was möchte dein Hund dir sagen? Schreibe zu jedem Bild einen passenden Satz.

Name:

Der Körper der Katze

 **Wie heißen die Körperteile der Katze? Trage die Wörter in die Kästen ein.**

Auge   Krallen   Ohr   Eckzähne   Pfote   Tasthaare   Schwanz

Welche Aufgaben haben die einzelnen Körperteile der Katze? Verbinde.

Ohren	sogar in der Dämmerung und bei Dunkelheit gut sehen
Augen	Beute festhalten und töten
Fell	Geräusche in großen Entfernungen erkennen
Eckzähne	gegen Kälte und Nässe schützen
Schwanz	klettern und Beute festhalten
Krallen	Hindernisse erkennen
Tasthaare	Balance halten beim Springen

Name:

Hauskatze und Falbkatze

Die Hauskatze stammt von der Afrikanischen Falbkatze ab.
Die beiden Tiere haben viele Gemeinsamkeiten, aber auch Unterschiede.

 **Hauskatze, Falbkatze oder beide Tiere –
auf wen trifft der Satz zu? Kreuze an.**

	Hauskatze	Falbkatze
Sie lebt in freier Wildbahn.		
Sie schläft in einem Körbchen.		
Sie ist etwa 50 cm lang.		
Sie macht Jagd auf Nagetiere und Vögel.		
Sie ist an Menschen gewöhnt.		
Wenn sie Hunger hat, geht sie auf die Jagd.		
Ihr Fell kann verschiedene Farben und Muster haben.		
Sie schärft ihre Krallen an einem Kratzbaum.		
Sie lebt die meiste Zeit allein.		
Sie bekommt spezielles Katzenfutter.		
Sie lebt da, wo sie einen Schlafplatz und Nahrung findet.		
Sie hat ein sandfarbenes Fell.		
Sie lebt in der Wohnung oder draußen im Garten.		

Name:

Was braucht eine Katze?

Setze die Silben in den Bällen zu Wörtern zusammen.

Tipp: Die Wörter bezeichnen Dinge, die eine Hauskatze braucht.

ter Fress sen

zen Do

Kat gras

napf fut

chen

zen klo

Kat ser

Körb Was

Spiel

Kratz

zeug maus baum

 Materialien für den Unterricht: Ingrid Sachs, Haustiere in der Grundschule © Hase und Igel Verlag, München

Verstehst du deine Katze?

Memory

✂

		Wut
Spiel	Verteidigung	Angst
Wohlfühlen		

Name:

Der Körper des Kaninchens

 Schau dir die einzelnen Körperteile der beiden Kaninchen genau an.
Finde fünf Unterschiede und kreise sie ein.

Bild 1

Bild 2

 Male die Tabelle in dein Heft. Trage die Stichwörter richtig ein.

| hängen herunter |

| „trommelt" mit einem |

| beide hell |

| beide stehen aufrecht |

| hinter dem Körper versteckt |

| gut zu sehen |

| einer hell, einer dunkel |

| beide auf der Erde |

| stehen zur Seite |

| eins steht aufrecht, eins hängt herunter |

	Kaninchen auf Bild 1	Kaninchen auf Bild 2
Ohren		
Blume		
Vorderlauf		
Hinterlauf		
Schnurrhaare		

Hauskaninchen und Wildkaninchen

Das Hauskaninchen stammt vom Wildkaninchen ab. Die beiden
Tiere haben viele Gemeinsamkeiten, aber auch Unterschiede.

 Schneide die Kärtchen aus, ordne sie richtig zu und klebe sie in die Tabelle.

	Hauskaninchen	Wildkaninchen
Wohnort		
Futter		
Schlafplatz		
Zusammenleben		
Aussehen		
Größe		

✂

Es lebt an Waldrändern, in Gärten oder Parks.	Es frisst Obst, Gemüse, Heu, Löwenzahn und Trockenfutter.	Es lebt in einem Gehege, Stall oder Käfig.
Es wird 35 bis 45 cm lang.	Es ist graubraun und hat einen weißen Schwanz.	Es schläft gerne in einem Häuschen.
Es frisst hauptsächlich Kräuter und Gräser.	Es schläft in einer Höhle unter der Erde.	Es lebt beim Menschen.
Es wird 22 bis 28 cm lang.	Es lebt in Familien oder in Gruppen zusammen.	Es kann verschiedene Fellfarben haben.

Name:

Was braucht ein Kaninchen?

 Überlege, was ein Kaninchen braucht, und kreuze an. Fahre dann die Linien nach und überprüfe.

 **Schreibe die Gegenstände aus der ersten Aufgabe auf.
Ergänze, was ein Kaninchen noch braucht.**

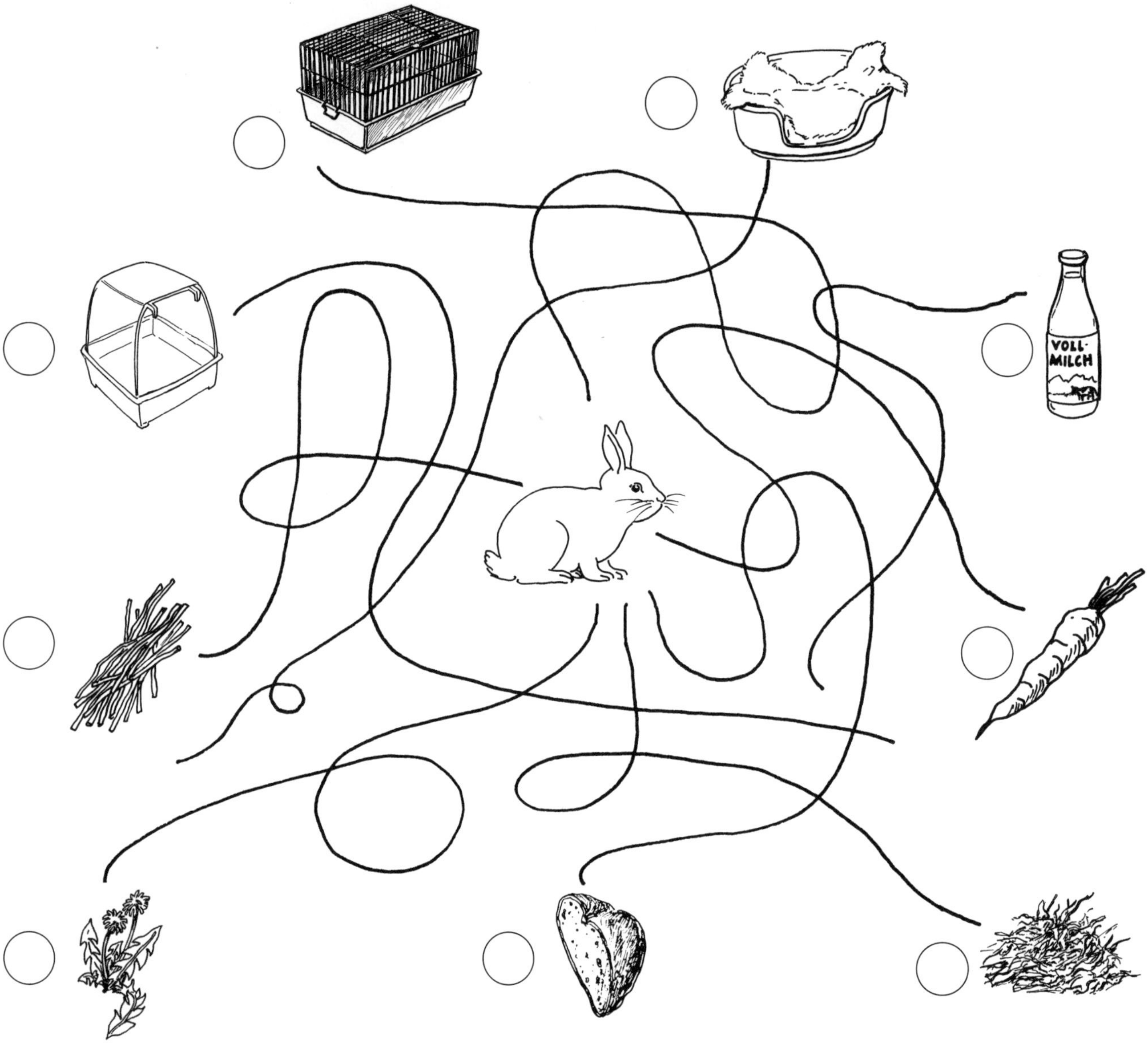

_____

_____

_____

Verstehst du dein Kaninchen?

Domino

✂

 **Anfang**		Angst	
Ruhe		Stress	
Neugier		Schreck	 **Ende**

Name:

Viele verschiedene Wellensittiche

 Male Flügel, Schwanz, Bauch und Kopf des Wellensittichs mit den Farben Gelb und Grün so aus, dass der Wellensittich immer anders aussieht. Findest du alle Möglichkeiten?

Was braucht ein Wellensittich?

Domino

✂

 **Anfang**	Hirsekolben	 Vogelsand	Glöckchen
	Käfig		Wasserspender
	Vogelsand		Badehäuschen
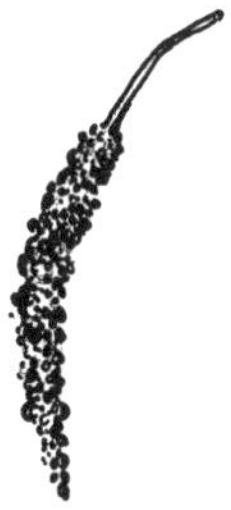	Obst		Sepiaschale
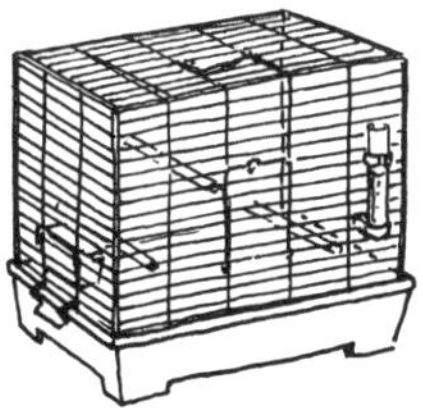	Futternapf	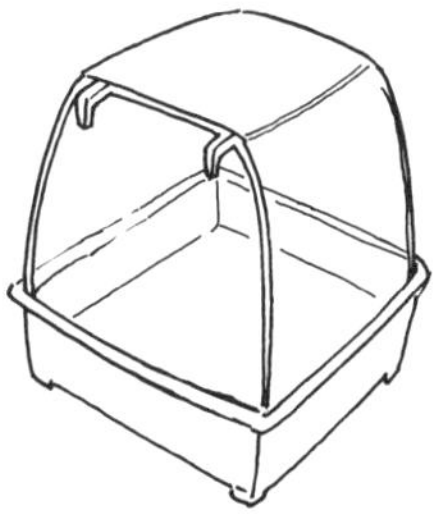	 **Ende**

Name:

Aufgaben eines Wellensittichbesitzers

Wie reinigst du den Käfig eines Wellensittichs?

 Schneide die Textstreifen aus und klebe sie in der richtigen Reihenfolge auf ein extra Blatt. An dem Bild erkennst du, ob du die korrekte Abfolge gefunden hast.

✂

Reinige die Sitzstangen
und das Spielzeug
mit einem feuchten Tuch.

Baue dann den Käfig
wieder zusammen.

Nimm zuerst den Futternapf und
den Wasserspender aus dem Käfig
und leere sie aus.

Wasche nun den Käfig
und die Bodenschale
mit heißem Wasser aus.

Trockne alles gut ab.

Löse dann die Halterung und
nimm das Gitter ab.

Fülle zum Schluss frisches Wasser
und Futter in die Näpfe.

Leere anschließend den Sand aus.

Fülle jetzt frischen Vogelsand
in die Bodenschale.

Name:

Verstehst du deinen Wellensittich?

 Ordne die Sprechblasen den passenden Bildern zu.

   •

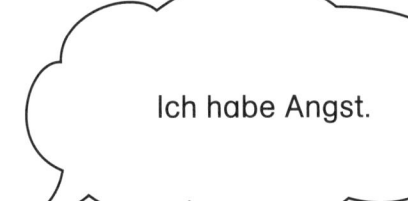

Ich habe Angst.

   •

Mir geht's prima,
ich fühle mich wohl.

   •

Ich bin müde und
möchte schlafen.

   •

Ich bin krank.

   •

Sieh dich vor,
sonst hacke ich dir
in den Finger.

Name:

Der Körper des Fisches

🐟 **Male die Felder mit folgenden Ergebnissen farbig aus: 3 = grün, 5 = rot, 7 = gelb, 8 = blau.**

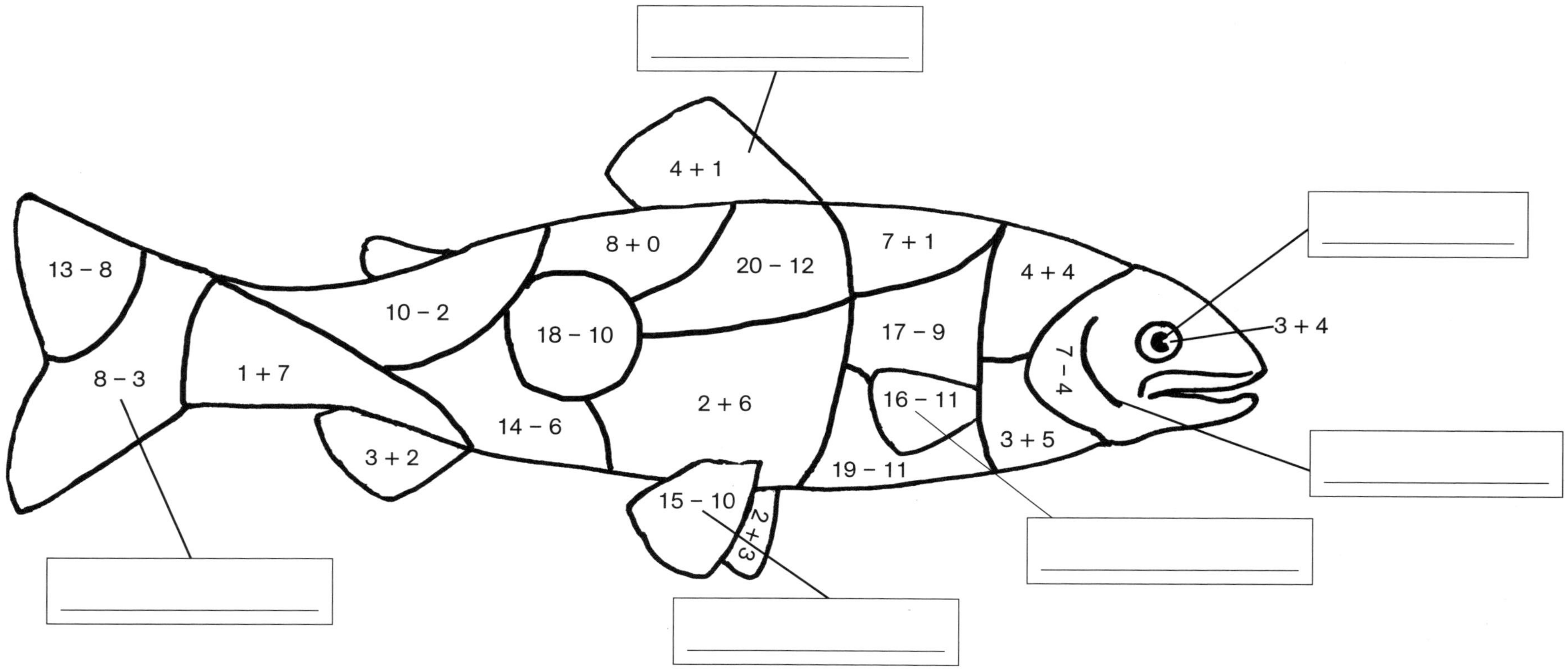

Felder im Fisch:

3 + 4

4 + 4 · 7 − 4 · 3 + 5

7 + 1 · 17 − 9 · 16 − 11 · 19 − 11

4 + 1 · 20 − 12 · 2 + 6 · 15 − 10 · 2 + 3

8 + 0 · 18 − 10 · 14 − 6

10 − 2 · 3 + 2

1 + 7

13 − 8 · 8 − 3

🐟 **Wie heißen die Körperteile des Fisches? Trage die Bezeichnungen jeweils in das passende Kästchen ein.**

Rückenflosse   Auge   Kieme   Brustflosse

Schwanzflosse   Bauchflosse

Name:

Alle meine Fische

 Welche Fische kannst du in deinem Aquarium halten? Kreuze an.

 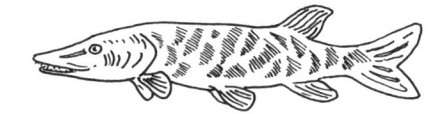

Hecht
Größe: 50 – 100 cm
Futter: Fische, Frösche, Vögel
Wasser: Süßwasser
         Kaltwasser (8 – 18 °C)

Sumatrabarbe
Größe: 6 – 7 cm
Futter: Pflanzen, kleine Insekten
Wasser: Süßwasser
         Warmwasser (20 – 26 °C)

Dreilinienpanzerwels
Größe: 6 cm
Futter: Pflanzen, Algen, kleine Insekten
Wasser: Süßwasser
         Warmwasser (22 – 26 °C)

Rotbarsch
Größe: bis 100 cm
Futter: Garnelen, Krabben, kleine
         Fische (z. B. Heringe)
Wasser: Salzwasser
         Kaltwasser (3 – 8 °C)

Forelle
Größe: 20 – 60 cm
Futter: Wasserinsekten, Krebse,
         kleine Fische
Wasser: Süßwasser
         Kaltwasser (6 – 12 °C)

Black Molly
Größe: 6 – 10 cm
Futter: Pflanzen, Algen
Wasser: Süßwasser
         Warmwasser (26 – 28 °C)

Aal
Größe: 60 (Männchen) – 120 cm (Weibchen)
Futter: Würmer, Insektenlarven, Krebse,
         Fische
Wasser: Süßwasser
         nur zur Paarungszeit Salzwasser
         Warmwasser (über 20 °C)

Roter Neon
Größe: 4 – 5 cm
Futter: lebende Mückenlarven,
         Pflanzen, Algen
Wasser: Süßwasser
         Warmwasser
         (23 – 27 °C)

3. Kapitel: Nutztiere

Vorbemerkung

Viele Kinder trinken gern Milch, mögen Milchprodukte und Fleisch und Wurst. Aber von welchen Tieren stammen die einzelnen Lebensmittel? Wie leben diese Tiere, welche Besonderheiten weist ihr Körperbau auf, wie kann der Mensch sie außer als Lieferant von Nahrungsmitteln nutzen?

In diesem Kapitel wird den Kindern grundlegendes Wissen über die Nutztiere Rind, Schwein, Schaf, Huhn und Pferd vermittelt. Die Schüler erfahren etwas über die Abstammung der einzelnen Tiere und über Besonderheiten ihres Körperbaus, informieren sich über Haltung, Pflege und Ernährung der Tiere und lernen, warum diese schon seit Tausenden von Jahren als Nutztiere gehalten werden. Abschließend können die Kinder ihr Wissen mit einem Quiz oder dem Spiel „Trio" selbstständig überprüfen. Außerdem wird eine Vorlage angeboten, die die Schüler zu ihrem eigenen Bauernhoftierbuch vervollständigen können.

Lehrplanbezug

Sachunterricht
Wichtige Nutztiere kennenlernen
- Tierfamilien
- Abstammung, Körperbau, Nahrung
- Haltung und Pflege, Tierschutz
- Nutzen für den Menschen

Deutsch
- Sachtexte lesen und verstehen
- Zuordnungen (Wort/Bild – Text, Überschriften)
- Fragen zum Text beantworten
- Tiersteckbrief verfassen

Einführung ins Thema

Bereits vor mehreren Tausend Jahren wurden die ersten Nutztiere domestiziert. Der Mensch hatte erkannt, dass z. B. Rinder, Schweine, Schafe, Ziegen und Geflügel nicht nur als Fleischlieferant von Bedeutung waren, sondern sich auch andere tierische Rohstoffe wie Milch, Fell, Fett, Horn, Federn und Leder nutzen ließen. Rinder und Pferde dienten außerdem als Zugtiere und Lastenträger.

Die Haltungsformen für die einzelnen Nutztiere haben sich im Laufe der Jahrhunderte immer weiter entwickelt. Während früher auf einem Bauernhof viele verschiedene Tiere lebten, werden heute die Tiere aus wirtschaftlichen Gründen zumeist in spezialisierten Betrieben gehalten (z. B. zur Ferkel- oder Milcherzeugung). Eine Folge dieses Wandels vom landwirtschaftlichen Familienbetrieb in einen Großbetrieb ist die teilweise nicht mehr artgerechte Haltung der Tiere: Die Ställe und damit auch die Herden werden größer, der Raum für das einzelne Tier aber kleiner. Diese Enge bedeutet Stress für die Tiere und führt dazu, dass sie schneller krank werden.

Die bewusste Entscheidung der Käufer für gesunde Nahrungsmittel hat in den letzten Jahren jedoch dazu geführt, dass das Prinzip der ökologischen Landwirtschaft wieder verstärkt aufgegriffen und praktiziert wird. Biobauern legen Wert darauf, ihr Land im Einklang mit der Natur zu bearbeiten und die Tiere artgerecht zu halten, ohne dabei auf moderne Technik zu verzichten.

Rind

 KV Seite 113

Das Rind
Auf dieser Kopiervorlage erhalten die Schüler grundsätzliche Informationen zu Abstammung, Nutzung, Haltung und Nachwuchs des Rindes. Außerdem lernen sie die Bezeichnungen für die Mitglieder der Tierfamilie kennen. Nach dem Lesen wird das Textverständnis überprüft, indem die Schüler Fragen beantworten.

Lösung
- Das Hausrind stammt vom Auerochsen ab.
- Das Rind liefert dem Menschen Fleisch und Milch und dient als Arbeitstier zum Tragen und Ziehen von Lasten.
- Im Winter wohnen Rinder im Stall, im Sommer leben sie auf der Weide.
- Das männliche Rind nennt man Bulle, das weibliche Kuh und das Jungtier Kalb.
- Eine Kuh kann einmal im Jahr ein Kalb bekommen.
- Das Kalb saugt die Milch aus dem Euter der Kuh.

 Der Körper des Rindes und seine Nutzung
KV Seite 114

Die Schüler kleben die Kärtchen an die richtige Stelle und erfahren, wie der Mensch die verschiedenen Körperteile nutzt. Früher wurden Rinder in Deutschland in drei Nutzungsrichtungen gezüchtet: als Fleisch- und Milchproduzent sowie als Arbeitstier, oft auch in Kombination miteinander als Zwei- bzw. Dreinutzungsrasse. Bevor Maschinen die Bewirtschaftung von Äckern und Feldern erleichterten, war das Rind aufgrund seiner großen Zugkraft in der Landwirtschaft als Arbeitstier von Bedeutung. Die Milchproduktion hingegen spielte eine untergeordnete Rolle, da Milch aufgrund ihrer leichten Verderblichkeit nur schwer transportiert werden konnte. Das hat sich mittlerweile geändert. Seit Anfang des 20. Jahrhunderts konzentriert man sich darauf, Kühe mit hoher Milchleistung zu züchten, außerdem entstanden die fleisch- bzw. milchbetonten Zweinutzungsrassen.

Lösung

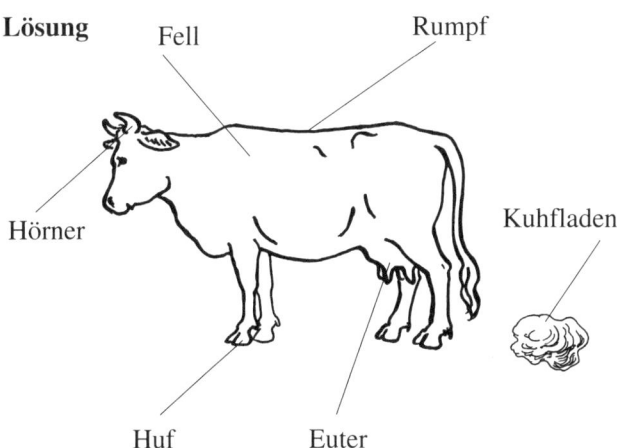

Fell — Rumpf — Hörner — Kuhfladen — Huf — Euter

 Die Milch macht's
KV Seite 115

Obwohl alle weiblichen Säugetiere Milch produzieren, melkt der Bauer nur Kühe, Ziegen und Schafe, wobei Kuhmilch die größte Menge darstellt. Lassen Sie die Kinder verschiedene im Handel erhältliche Milchsorten (Vollmilch und H-Milch mit unterschiedlichem Fettgehalt, Kondensmilch) mitbringen und verkosten. Knüpfen Sie an den letzten Textabschnitt auf der Kopiervorlage an und lassen Sie die Kinder weitere Nahrungsmittel, die Milch enthalten, aufzählen. Interessant ist, wie viel Milch für die Herstellung der Produkte benötigt wird: 12 l Milch ergeben 1 kg Käse, 25 l Milch 1 kg Butter, 10 l Milch 1 l Rahm und 1 l Milch 400 g Quark.

Weiterführend kann jeder Schüler eine Liste aller Milchprodukte erstellen, die während einer Woche von seiner Familie konsumiert worden sind.

Lösung

Aufgabe 1:

	richtig	falsch
Kühe können nur Milch geben, wenn sie vorher ein Kalb geboren haben.	X	
Eine Kuh gibt täglich 20 bis 30 Liter Milch.	X	
Eine Kuh muss alle zwei Tage gemolken werden.		X
Vor dem Melken säubert die Kuh ihr Euter.		X
Das Euter hat vier Zitzen.	X	
In der Milchkammer wird die Kuhmilch zu Trinkmilch, Quark, Joghurt und Butter verarbeitet.		X

Aufgabe 2:
1. Rechnung: 60 : 10 = 6, 2. Rechnung: 6 · 7 = 42
Antwort: Bauer Lehmann braucht 42 Minuten, um alle Kühe zu melken.

 Das Rind – ein Wiederkäuer
KV Seite 116

Dieses Arbeitsblatt ist als Differenzierungsaufgabe für leistungsstarke Schüler gedacht. Anhand des Textes und der Zeichnung können sie den Nahrungsfluss beim Rind nachvollziehen. Die Verdauungsorgane eines Wiederkäuers sind ganz anders aufgebaut als die des Menschen oder des Schweins. Verschiedene Bakterien ermöglichen es dem Rind, auch für den Menschen weitgehend unverdauliche Nahrungsbestandteile wie z. B. die in Stroh enthaltene Zellulose verdaulich zu machen und in Milch umzusetzen.

Schwein

Das Schwein
KV Seite 117

Das Arbeitsblatt liefert grundlegende Informationen zu Haltung, Fortpflanzung und Nahrungsaufnahme von Schweinen. Die Kinder ordnen die Fragen den entsprechenden Textpassagen zu und schulen so ihre rationelle Lesefähigkeit.

Häufig wird mit Schweinen das Wort „dreckig" verbunden. Untersuchungen haben jedoch ergeben, dass Schweine, wenn sie die Möglichkeit dazu haben, eine vom normalen Aufenthaltsraum weit entfernte Ecke des Stalls als Kotecke nutzen. Auch das Suhlen im feuchten Schlamm

hat einen Nutzen: Bei hohen Temperaturen dient es der Abkühlung und schützt die Haut der Schweine vor Sonnenbrand. Schweine sind auch keineswegs dumm: Studien zufolge sind ihre kognitiven Fähigkeiten vergleichbar mit denen von Primaten.

Lösung

Wie heißen die Mitglieder einer Schweinefamilie?

Warum sind Schweine wichtige Fleischlieferanten?

Was fressen Schweine?

Wie alt werden Schweine?

Wie werden Schweine gehalten?

 Der Körper des Schweins und seine Nutzung
KV Seite 118

Anhand der Kopiervorlage lernen die Kinder die Körperteile des Schweins kennen und erfahren, welche Teile des Schweins der Mensch wie nutzt. Zur Fleischerzeugung, der Hauptnutzung des Schweins, wird das Hausschwein vermutlich bereits seit 9000 Jahren gehalten. In Europa und Ostasien ist Schweinefleisch die am häufigsten gegessene Fleischsorte. Aufgrund der Tatsache, dass Mensch und Schwein physiologisch sehr ähnlich sind (ähnliche Struktur und Beschaffenheit des Fleisches, ähnliche Reaktion auf Stress), werden Schweine auch als Labor- und Versuchstiere genutzt. Speziell gezüchtete Minirassen sind zunehmend als Heimtier beliebt.

Lösung

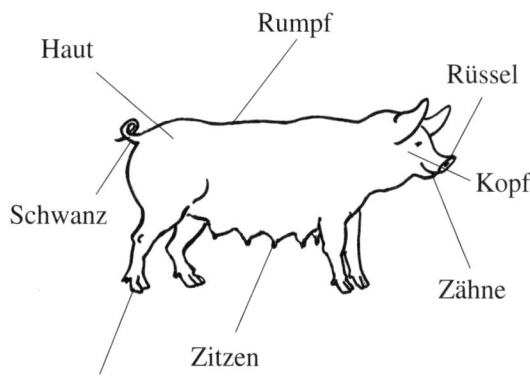

Huf mit Zehen

Schaf

 Das Schaf
KV Seite 119

Auf dieser Kopiervorlage erfahren die Kinder Wissenswertes über die Haltung von Schafen. Die Fragen halten sie dazu an, den Text selektiv, d. h. im Hinblick auf bestimmte Informationen, zu lesen. Üben Sie in diesem Zusammenhang mit den Schülern auch eine entsprechende Markierungstechnik ein.

Lösung

- Das Schaf stammt vom Wildschaf ab.
- Männliche Tiere heißen Bock oder Widder, weibliche Tiere Aue oder Mutterschaf, Jungtiere werden Lämmer genannt.
- Eine Schafherde besteht normalerweise aus Muttertieren und ihren Lämmern.
- Schafe fressen hauptsächlich Gräser und Blätter, aber auch Rinden.
- Die meiste Zeit des Jahres können Schafe auf der Weide leben, nur bei extremer Witterung müssen sie in einen Stall.
- Natürliche Feinde einer Schafherde sind wilde Tiere, wie z. B. Füchse, Raben, Adler und Wölfe. Beschützt wird die Herde von Herdenschutzhunden.

 Der Körper des Schafes und seine Nutzung
KV Seite 120

Die Kinder lesen den Text und unterstreichen anschließend die verschiedenen Nutzungsmöglichkeiten (Fleisch- und Milchgewinnung, Wolle, Landschaftspflege). Sprechen Sie mit den Kindern darüber, dass die Lämmermast zwar mittlerweile der wichtigste Zweig der Schafhaltung ist, dass das aber nicht immer so war. Noch bis Anfang der 1950er Jahre wurden Schafe vor allem ihrer Wolle wegen gezüchtet: Wegen der starken Konkurrenz durch Kunstfasern und Baumwolle ist dieser Wirtschaftszweig aber heute nicht mehr rentabel.

Bei der Zuordnung einzelner Körperteile benötigen die Kinder eventuell Hilfe: Schaupe nennt man die Wolle auf der Stirn, die verhornten Zehen des Tieres werden als Klauen bezeichnet.

Lösung

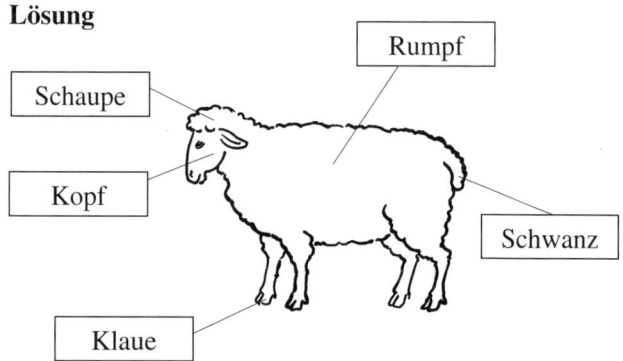

Huhn

 Das Haushuhn
KV Seite 121

Hühnervögel gehören zu den am häufigsten verbreiteten Geflügelsorten. Die meisten Haushuhnrassen zählen zu den Fasanenartigen, da sie vom Bankivahuhn abstammen.

Die Kinder informieren sich über die Lebensweise des Haushuhns, indem sie die passenden Satzteile verbinden.

Lösung

- Hühner sind sehr gesellig und leben in kleinen Gruppen zusammen.
- In den Gruppen gibt es eine feste Rangordnung: Hähne und Hennen von hohem Rang dürfen zuerst an den Futternapf und sich auch ihren Schlafplatz als Erste aussuchen.
- Ist die Rangordnung festgelegt, geht es meist ruhig und friedlich in der Hühnergruppe zu.
- Gern nehmen sie ein Sand- oder Staubbad und säubern so ihr Gefieder.
- Wenn sie frei herumlaufen können, verbringen Hühner viel Zeit mit der Nahrungssuche.
- Im Boden suchen sie nach Körnern, Würmern und Insekten.
- Außerdem mögen Hühner Klee, Löwenzahn und Brennnesseln.
- Werden die Hühner in Ställen oder Käfigen gehalten, besteht ihr Futter meist aus Getreide und Fleischmehl.
- Hühner sind Frühaufsteher, gehen dafür aber am Abend zeitig schlafen.
- Nachts gehen die Hühner in ihren Stall, wo sie meist auf Sitzstangen schlafen.
- Das Schlafen auf einem erhöhten Platz haben sie von ihren wilden Vorfahren geerbt, die auf Bäumen schliefen, um vor Raubtieren sicher zu sein.
- Ein Huhn kann fünf bis sieben Jahre alt werden.

 Der Körper des Huhns
KV Seite 122

Der Text beschreibt anschaulich die Körperteile des Huhns, sodass die Kinder anschließend problemlos die Begriffe entsprechend zuordnen können. Zum Schluss kann das Bild ausgemalt werden.

Lösung

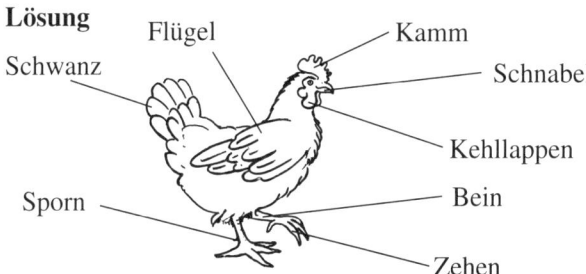

Schwanz — Flügel — Kamm — Schnabel — Kehllappen — Sporn — Bein — Zehen

KV Seite 123 **Haltungsformen von Hühnern**

Rund 20 Prozent des in der Europäischen Union verzehrten Fleisches ist Geflügelfleisch. Nicht zuletzt, um diese große Nachfrage zu befriedigen, werden zahlreiche Tiere nicht artgerecht gehalten.

Die Schüler informieren sich mithilfe des Arbeitsblatts über die verschiedenen Haltungsformen. Sprechen Sie anschließend über die Gründe für eine Massentierhaltung (Kostenreduzierung) und die Probleme, die diese Haltungsform mit sich bringt: Die Tiere können ihren natürlichen Neigungen nicht nachkommen, was zu Stress und Verhaltensstörungen führt, die enge Haltung fördert Erkrankungen und die genetische Vielfalt der Tiere wird eingeschränkt, da nur wenige Rassen für die Zucht verwendet werden. Beziehen Sie den Auszug aus dem Tierschutzgesetz auf dem Arbeitsblatt in die Diskussion mit ein.

Lösung

Aufgabe 1:

(3) Käfighaltung – In einer Legebatterie …

(1) Bodenhaltung – Hier leben Tausende …

(2) Freilandhaltung – Bei dieser Haltungsform …

(4) Biohaltung – Hier leben die Hühner …

Pferd

KV Seite 124 **Das Pferd**

Das Aussehen des Hauspferdes variiert in Körperbau, Körpergröße, Fell und Farbe. Die Einteilung in Kaltblüter, Warmblüter und Vollblüter ergibt sich dabei nicht aus der Wärme oder der Menge des Blutes des Pferdes, sondern benennt sein Temperament. So sind die schweren, kräftigen Kaltblüter meist ruhig und ausgeglichen und wurden deshalb hauptsächlich bei der Feldarbeit oder bei Waldarbeiten eingesetzt. Vollblüter hingegen sind sensibel und leicht erregbar, also bei Weitem nicht so leicht zu handhaben wie Kaltblüter. Da sie bis zu 70 km/h laufen können, werden sie als Rennpferde genutzt. Warmblüter sind ruhiger als Vollblüter und leichter und beweglicher als Kaltblüter. Sie eignen sich gut als Reitpferde und sind außerdem auch gute Dressur- und Springpferde. Kreuzungen aus Warmblütern und Vollblütern nennt man Halbblüter. Pferde unter 148 cm Schulterhöhe bezeichnet man als Kleinpferde oder Ponys.

Lösung

 Diese Tiere werden oft als Zugpferde …

Sie sind typische Reitpferde …

Dieser Typ Pferd wird als Rennpferd eingesetzt.

Früher wurden diese Tiere …

Der Körper des Pferdes
KV Seite 125

Der kurze Sachtext informiert über die Bezeichnungen von Pferden entsprechend ihrer Fellfarbe und Musterung. Außerdem lernen die Kinder die Körperteile des Pferdes kennen. Die Kästchen mit Ober- und Unterlänge helfen bei der korrekten Zuordnung.

Weiterführend kann anhand der Kopiervorlage auf die Sinnesorgane des Pferdes eingegangen und im Anschluss das richtige Verhalten beim Umgang mit diesen Tieren besprochen werden.

Die seitlich am Kopf stehenden Augen ermöglichen es Pferden, gleichzeitig nach rechts und nach links zu sehen. Richtig scharf erkennen sie nur das, was sie mit beiden Augen zugleich sehen können. Allerdings reicht den Pferden ein Auge aus, um Bewegungen in weiter Ferne wahrzunehmen, die wir Menschen nicht sehen können. Direkt hinter sich haben Pferde einen „toten Winkel", in dem sie nichts sehen können. Von dort sollte man sich einem Pferd nicht nähern. Pferde können besser hören als Menschen. Laute, plötzliche, schrille Geräusche sind ihnen unangenehm, deshalb spricht man zu einem Pferd am besten ruhig, leise und mit tiefer Stimme. Die Nase eines Pferdes ist sehr sensibel. Die Tiere können fremdartige Gerüche aus großer Entfernung wittern. Mit den Tasthaaren rund um Maul und Nüstern können Pferde Fremdkörper aus dem Futter sortieren. Auch ihre Haut ist empfindlich. Sie lassen sich gern streicheln, an manchen Stellen sind sie jedoch auch kitzlig.

Lösung

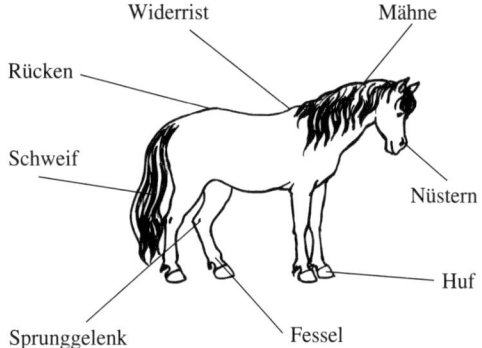

Widerrist, Mähne, Rücken, Schweif, Nüstern, Huf, Sprunggelenk, Fessel

Haltung und Pflege von Pferden
KV Seite 126

Besonders Mädchen zeigen eine große Begeisterung für dieses Thema. Falls Sie die Möglichkeit haben, bietet es sich an, mit Ihrer Klasse einen Reiterhof zu besuchen. Die Kinder können einen Vormittag mit den Pferden verbringen und vielleicht auch bei der Pflege der Pferde helfen. Unter *www.reiter-guide.de* finden Sie Reiterhöfe in Ihrer Nähe.

Lösung
1. Striegel, 2. Mistgabel, 3. Schaufel, 4. Hufkratzer, 5. Kardätsche, 6. Mähnenkamm, 7. Schubkarre

Spiele

Trio
KV Seite 127/128

Mithilfe des Spiels wiederholen die Kinder die Bezeichnungen für das männliche und weibliche Tier sowie des Jungtiers von Rind, Schwein, Schaf, Huhn und Pferd. „Trio" eignet sich für drei bis vier Spieler und wird wie ein Quartett gespielt, aber nur mit drei Karten. Ziel ist es, möglichst viele Trios (= drei zusammenhängende Karten) zu bekommen.

Nutztier-Quiz
KV Seite 129–131

Dieses Spiel können die Kinder mit einem Partner oder in kleinen Gruppen bis zu vier Schülern spielen und so das erworbene Wissen über die verschiedenen Nutztiere wiederholen und vertiefen. Die Karten sind jeweils mit dem entsprechenden Tier gekennzeichnet, sodass auch nur eine Auswahl einzelner Tiere angeboten werden kann.

Für das Spiel werden die Quizkarten bei Bedarf laminiert, ausgeschnitten und anschließend verdeckt als Stapel gelegt. Ein Spieler zieht eine Karte und stellt seinem linken Nachbarn die Frage auf dem Kärtchen. Kann dieser die Frage richtig beantworten, so darf er die Karte behalten. Wird die Frage falsch beantwortet, kommt die Karte unter den Stapel. Gewonnen hat, wer am Ende die meisten Karten hat.

Bauernhoftierbuch

Mein Bauernhoftierbuch
KV Seite 132–136

Das Bauernhoftierbuch kann zur Sicherung des erarbeiteten Wissens am Ende der Unterrichtseinheit zum Thema Nutztiere eingesetzt werden. Die Seiten 132–134 sind so gestaltet, dass die Auswahl der Tiere von Ihnen oder Ihren Schülern individuell getroffen wer-

den kann. Auf Seite 136 finden Sie Bilder von Pferd, Rind, Schwein, Schaf und Huhn, die ausgeschnitten und auf die Seite zum Körperbau geklebt werden können.

Sind alle Seiten des Bauernhoftierbuchs vollständig, werden die A4-Blätter in der Mitte durchgeschnitten, entsprechend den Seitenzahlen übereinandergelegt und anschließend gelocht und gebunden. Dies kann mit Geschenkbändern, Wolle oder Heftklammern geschehen.

Um den Schülern die Möglichkeit zu geben, verschiedene Nutztiere hautnah zu erleben, bietet sich als schöner Abschluss und Höhepunkt der Unterrichtssequenz der Besuch eines Bauernhofs an. Der Geruch im Hühnerstall, der Duft des Heus in der Scheune oder die Fahrt auf dem Traktor bilden eine sinnliche Basis für die Erfahrungs- und Wissenserweiterung. Besonders geeignet für einen Besuch ist ein Betrieb, der sich nicht zu sehr auf eine Tierart spezialisiert hat. Sprechen Sie vor dem Unterrichtsgang den Besuch mit dem Landwirt genau ab und erkundigen Sie sich über die auf dem Hof lebenden Tiere. Informationen über geeignete Bauernhöfe erhalten Sie bei Bauern- und Landfrauenverbänden sowie regionalen Umweltzentren. Unter *www.lernort-bauernhof.de* finden Sie z.B. Erlebnishöfe in Bayern.

Speziell für den Besuch des Bauernhofs gibt es auf Seite 135 ein Arbeitsblatt mit Fragen, die während des Unterrichtsgangs oder danach bearbeitet werden können. Anschließend kann diese Seite in das Bauernhoftierbuch eingeheftet werden.

Weiterführende Ideen

Rind

Joghurt herstellen
Man benötigt 1,5 l H-Milch und einen Becher Natur- oder Biojoghurt. Zuerst wird die Milch auf 40 °C erhitzt. Anschließend rührt man zwei bis drei Esslöffel Joghurt ein und stellt das Ganze in den auf 50 °C erhitzten Backofen. Nach 15 Minuten wird der Backofen ausgeschaltet. Dann lässt man die Milch fünf bis zwölf Stunden reifen und gießt anschließend die Molke ab. Der fertige Joghurt sollte im Kühlschrank aufbewahrt werden.

Ein Bild betrachten und selbst gestalten
Hierfür eignet sich z.B. das 1912 entstandene Bild „Kühe gelb – rot – grün" von Franz Marc. Sprechen Sie über verschiedene Kriterien des Bildes wie die Farbauswahl und die wirklichkeitsgetreue Abbildung der Tiere. Anschließend erhalten die Kinder eine Umrisszeichnung des Bildes und gestalten es mit dem Malkasten möglichst ähnlich oder variieren es nach ihren Vorstellungen.

Werke weiterer Künstler zum Thema „Rind" finden Sie auf der Internetseite *www.onlinekunst.de/tierbilder*.

Internetadresse
- *www.bauernhof.net* (Landwirtschaft zum Anfassen: informative Seite für Kinder rund um den Bauernhof u.a. mit virtueller Kuhstallbesichtigung und Geburt eines Kälbchens)

Schwein
Internetadresse
- *www.bauernhof.net/category/tiere/schweine/* (mit Schweine-Lexikon und Wissenswertem zur Schweinezucht)

Schaf
Bildbetrachtung
Hierfür eignet sich das Bild „Verirrte Schafe" von William Holman Hunt: *http://www.onlinekunst.de/tierbilder/hunt_schafe.html*

Internetadresse
- *www.schafplanet.de/klugschaf/Wissen/wissen.html* (Interessantes rund um das Schaf)

Huhn
Frischetest für Eier
Auf diese Weise kann man ganz einfach herausfinden, ob ein Ei frisch ist:
- Schüttelt man ein frisches Ei, ist kein Geräusch zu hören. Die Bewegung ist fließend.
- Legt man ein frisches Ei in kaltes Wasser, bleibt es am Boden liegen. Alte Eier schwimmen aufgrund der vergrößerten Luftkammer an der Wasseroberfläche.
- Beim Aufschlagen eines frischen Eies ist das Dotter kugelig-fest und hochgewölbt, das zähflüssige Eiklar grenzt sich deutlich davon ab. Bei einem alten Ei ist das Dotter flach und das Eiklar dünnflüssig.

Roh oder gekocht?
Mit einem Trick lässt sich feststellen, ob ein Ei roh oder gekocht ist: Man stellt das Ei auf seine stumpfe Spitze und lässt es kreiseln. Ist das Ei gekocht, kann es auf der Spitze kreiseln. Ist das Ei roh, kippt es immer wieder um, denn das Dotter bremst die Drehung.

Stark wie ein Ei
Stellt vier halbe Eierschalen mit der Öffnung nach unten im Viereck auf einen Tisch. Anschließend werden Bücher und andere Gewichte auf die Eier gelegt. Wer hätte gedacht, dass Eierschalen so stabil sind?

Pferd

Ein Bild betrachten und selbst gestalten
Für eine Bildbetrachtung eignet sich das Bild „Das blaue Pferdchen" von Franz Marc. Anhand einer Farbfolie wird zunächst die Farbwahl besprochen. Anschließend erhalten die Kinder eine Umrisszeichnung des Bildes und gestalten es mit dem Malkasten möglichst ähnlich nach. Das Bild wird ausgeschnitten und auf blaues Tonpapier geklebt.

Weiterführend kann eine zweite Zeichnung entstehen. Die Kinder wählen nun eine eigene Farbe für das Pferd und gestalten den Hintergrund mit neuen Farben. Besonders dekorativ wird das Bild, wenn es auf ein Tonpapier in der Farbe des Pferdes geklebt wird.

„Auf dem Ponyhof"
In dem Film aus der Reihe „Willi will's wissen" (DVD mit Unterrichtshilfen erhältlich unter *www.fwu-mediathek. de*) erfahren die Kinder, wie es auf einem Gestüt zugeht, welche Bedürfnisse Pferde haben und wie man mit ihnen umgeht.

Internetadressen
- *https://klexikon.zum.de/wiki/Pferde* (kindgerechte Seite mit Sachinformationen rund um das Pferd)
- *www.pferdewissen.ch/* (informative Pferdeseite nicht nur für Reitschüler)
- *www.basteln-gestalten.de/pferde* (einfache Bastelanleitung für Pferde aus Tonpapier)

Zu allen Nutztieren

„Wie Tiere auf dem Bauernhof leben"
Die DVD und die Arbeitsmaterialien (erhältlich unter *www.fwu-mediathek.de*) thematisieren einzelne Nutztiere und ihren Nachwuchs ebenso wie die Arbeit des Landwirts im Wechsel der Jahreszeiten.

„Der Bauernhof-Check"
Die DVD aus der Reihe „Checker Can" (erhältlich unter *www.fwu-mediathek.de*) beschreibt den Tagesablauf eines Biobauern und beantwortet kindgemäß viele Fragen rund um Nutztiere. Mit reich bebildertem Arbeitsmaterial.

Name:

Das Rind

Das Hausrind stammt wahrscheinlich vom Auerochsen ab, einem großen Wildrind mit geschwungenen Hörnern. Wegen seines Fleisches war der Auerochse schon vor vielen Tausend Jahren eine begehrte Jagdbeute. Später wurden diese Tiere gefangen und gezähmt. Durch Züchtungen entstanden viele verschiedene Rinderrassen.

Rinder liefern dem Menschen Fleisch und Milch. In manchen Ländern werden Rinder auch als Arbeitstiere zum Tragen und Ziehen von Lasten verwendet.

Ursprünglich lebten Rinder in Herden zusammen. Während sie früher immer unter freiem Himmel lebten, sind sie heute meist in Ställen untergebracht und werden nur im Sommer auf die Weide geführt.

Das männliche Rind wird Bulle genannt, das weibliche Tier Kuh. Einmal im Jahr kann die Kuh ein Kalb bekommen. Nach einem Jahr Tragzeit wird meist ein Junges geboren, ganz selten kommen Zwillinge zur Welt. Nach der Geburt saugt das Kalb Milch aus dem Euter der Kuh. In der nächsten Zeit frisst das Kalb sehr viel und wächst sehr schnell. Schon nach 18 Monaten ist aus dem Kalb ein erwachsenes Rind geworden.

 Beantworte die Fragen.

Von welchem Tier stammt das Hausrind ab? _____

_____

Wie wird das Rind vom Menschen genutzt? _____

_____

Wo leben Hausrinder im Winter, wo im Sommer? _____

_____

Wie nennt man ein männliches Rind, ein weibliches Rind und ein junges Rind?

_____

Wie oft im Jahr kann eine Kuh ein Kalb bekommen? _____

_____

Woher bekommt das Kalb Milch? _____

_____

Der Körper des Rindes und seine Nutzung

 Schneide die Kärtchen aus und klebe sie jeweils an die richtige Stelle.

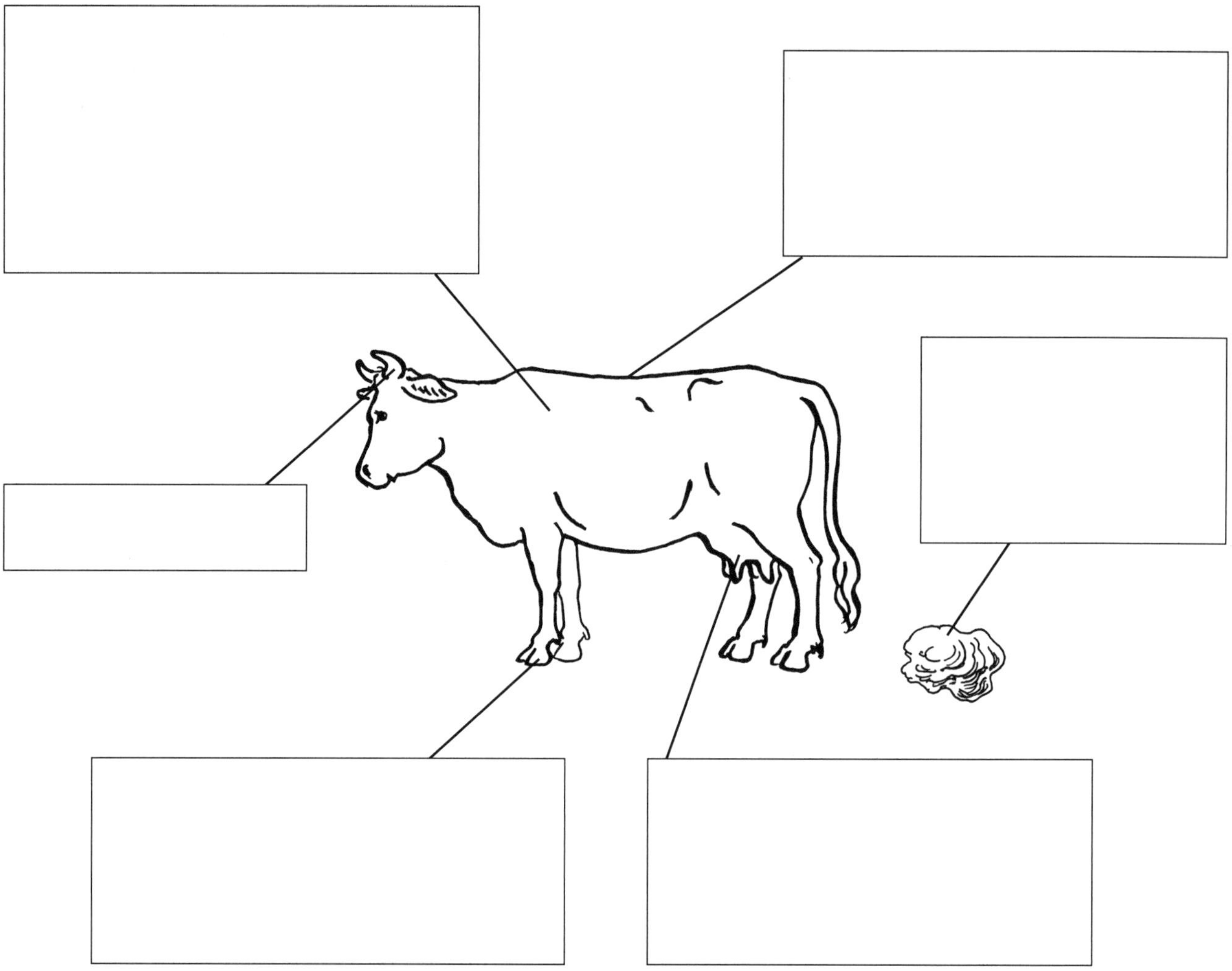

✂

An jedem Fuß hat das Rind einen **Huf** mit zwei großen **Zehen**, auf denen es geht, und dahinter zwei kleinere Zehen, die es abspreizen kann. So verhindert das schwere Tier, dass es im weichen Boden einsinkt.

Der **Rumpf** ist groß und stämmig. Bis zu 700 Kilogramm kann ein Rind wiegen. Das Fleisch kann gebraten, gekocht, gedünstet oder zu Wurst verarbeitet werden. Aus dem Fett wird Seife hergestellt.

Kuhfladen werden als Dünger verwendet. Getrocknet dienen sie in einigen Ländern Afrikas und Lateinamerikas als Brennmaterial.

Das **Fell** ist je nach Rasse unterschiedlich. Oft ist es glatt und kurz, manche Rassen haben aber auch langes oder lockiges Fell. Das Fell kann weiß, schwarz, gelb sowie hell-, dunkel- oder rotbraun sein. Manche Rinder sind einfarbig, andere gefleckt. Aus der Haut und dem Fell werden Bekleidung und Schuhe hergestellt.

Im **Euter** einer Kuh sammelt sich die Milch. Über die vier **Zitzen** gelangt die Milch aus dem Euter und kann z. B. zu Trinkmilch, Joghurt, Käse, Quark und Butter weiterverarbeitet werden.

Aus den **Hörnern** werden Kämme hergestellt.

Name:

Die Milch macht's

Kühe bestimmter Rinderrassen werden zur Gewinnung von Milch gehalten. Eine Kuh gibt nur Milch, nachdem sie ein Kalb geboren hat. 10 Monate lang bildet sich dann in ihrem Euter sehr viel Milch: täglich ungefähr 20 bis 30 Liter. Zweimal am Tag werden die Kühe gemolken. Früher hat der Bauer die Kuh mit der Hand gemolken. Heute macht diese Arbeit eine Melkmaschine. Pro Kuh dauert das Melken mit der Maschine 5 bis 10 Minuten.

Vor dem Melken befreit der Bauer die Zitzen am Euter der Kuh von Dreck und Schmutz. Anschließend erfolgt das Vormelken, bei dem der Bauer eine kleine Menge Milch in einen Becher melkt und die Qualität der Milch überprüft. Ist die Milch in Ordnung, wird die Melkmaschine angesetzt. Auf jede der vier Zitzen wird ein Gummisauger gesteckt. Eine Pumpe übernimmt das Melken. Über Leitungen fließt die Milch direkt in den Tank der Milchkammer.

Anschließend wird die Milch mit einem Tankwagen zur Molkerei gebracht und dort zu Trinkmilch, Käse, Quark, Joghurt und Butter verarbeitet.

Richtig oder falsch? Kreuze an.

	richtig	falsch
Kühe können nur Milch geben, wenn sie vorher ein Kalb geboren haben.		
Eine Kuh gibt täglich 20 bis 30 Liter Milch.		
Eine Kuh muss alle zwei Tage gemolken werden.		
Vor dem Melken säubert die Kuh ihr Euter.		
Das Euter hat vier Zitzen.		
In der Milchkammer wird die Kuhmilch zu Trinkmilch, Quark, Joghurt und Butter verarbeitet.		

Bauer Lehmann hat 60 Kühe in seinem Stall. Am Melkstand kann er 10 Kühe gleichzeitig melken. Für jede Kuh braucht er 7 Minuten. Wie viel Zeit braucht er, um alle Kühe zu melken?

1. Rechnung: ☐☐☐☐☐☐

2. Rechnung: ☐☐☐☐☐

Antwort: _____

Das Rind – ein Wiederkäuer

 Lies dir den Text aufmerksam durch.

Rinder sind Pflanzenfresser. Ihre Nahrung besteht hauptsächlich aus frischen, getrockneten oder als Silage haltbar gemachten Gräsern, Kräutern und anderen Pflanzen wie z. B. Mais. Außerdem bekommen sie Kraftfutter. Pro Tag frisst ein Rind bis zu 70 Kilogramm Gras und trinkt 50 bis 100 Liter Wasser.

Rinder sind Wiederkäuer, das bedeutet, dass sie ihre Nahrung mehrmals durchkauen. Mit der Zunge zupft das Rind Gras ab und schluckt es fast unzerkaut. Durch die Speiseröhre gelangt das Gras in den ersten Magen. Diesen großen Sammelmagen nennt man auch Pansen. Hier sorgen Millionen von Bakterien dafür, dass das Gras in einen Futterbrei umgewandelt wird. Dieser wird anschließend in den zweiten Magen (Netzmagen) transportiert. Dort wird der Futterbrei in kleine Kugeln geformt und durch die Speiseröhre zurück ins Maul befördert. Jetzt wird die Nahrung noch einmal gründlich gekaut. Diesen Vorgang nennt man „Wiederkäuen". Hat das Rind genug gekaut, schluckt es den Futterbrei erneut. Über die Speiseröhre gelangt die Nahrung nun in den dritten Magen (Blättermagen), wo dem Futterbrei das Wasser entzogen wird. Anschließend rutscht die Nahrung in den vierten Magen (Labmagen) und wird dort fertig verdaut. Über den Darm werden die unverdaulichen Reste ausgeschieden.

 Verfolge den Weg der Nahrung anhand des Bildes nach.

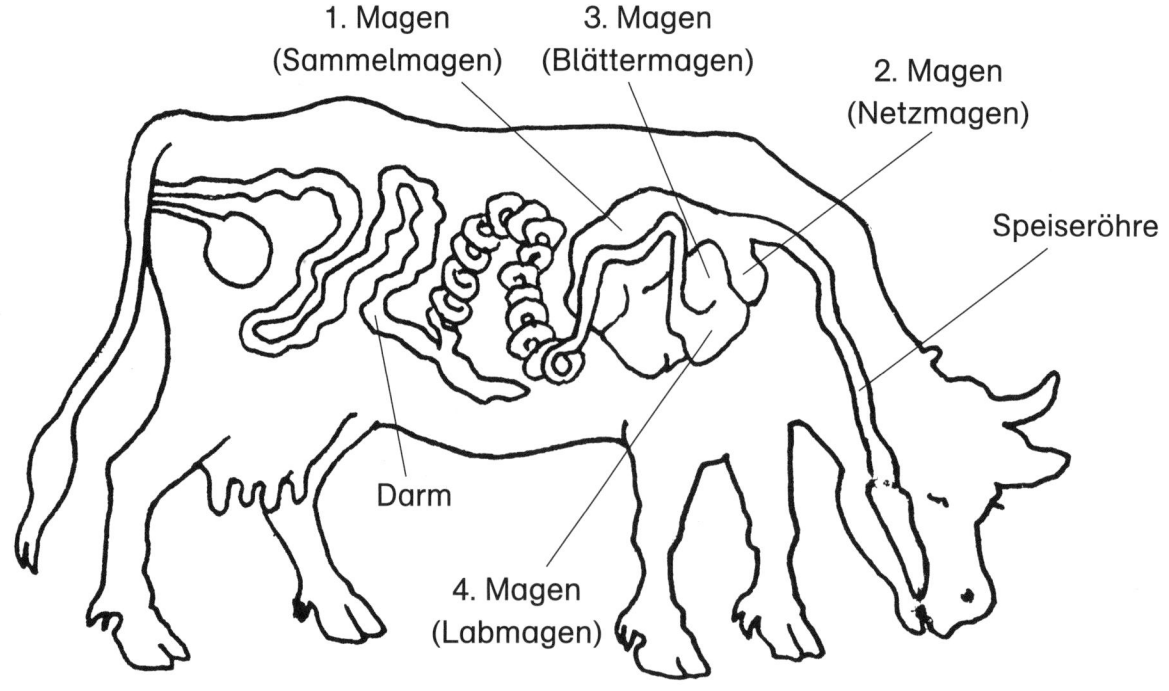

Name:

Das Schwein

 Schreibe die Fragen zu den passenden Antworten.

Wie werden Schweine gehalten?

Wie alt werden Schweine?

Wie heißen die Mitglieder einer Schweinefamilie?

Warum sind Schweine wichtige Fleischlieferanten?

Was fressen Schweine?

Das Mutterschwein wird Sau genannt, das männliche Schwein Eber. Junge Tiere heißen Ferkel.

Schweine wachsen schnell und bekommen viel Nachwuchs. Nach vier Monaten Tragzeit bringt eine Sau ein- bis zweimal im Jahr jeweils zehn bis zwölf Junge zur Welt. Anschließend säugt das Muttertier die Ferkel drei bis vier Wochen lang. Bei der Geburt wiegt ein Schwein ungefähr 1,5 Kilogramm, nach acht Monaten bereits 100 Kilogramm. Nach drei Jahren sind die Schweine erwachsen. Eine Sau wiegt dann etwa 200 Kilogramm, ein Eber 230 Kilogramm.

Schweine sind Allesfresser, das heißt, sie fressen sowohl Fleisch als auch Pflanzen. Am besten eignen sich als Futter Mais, Kartoffeln oder Soja. Dazu trinken Schweine bis zu 10 Liter frisches Wasser pro Tag.

Schweine können bis zu 15 Jahre alt werden. Die meisten werden aber bereits nach einem halben Jahr geschlachtet, wenn sie dick genug geworden sind.

Die meisten Schweine leben in Ställen. Vor allem in großen Betrieben sind die Ställe oft sehr voll. Manchmal werden Schweine auch einzeln in kleinen Boxen gehalten, in denen sie sich kaum bewegen können. Häufig sehen sie kein Tageslicht und haben auch keine Beschäftigung. Die Tiere haben oft kein Stroh im Stall, sondern müssen auf Spaltböden stehen oder liegen. Dabei ist es für Schweine ein großes Vergnügen, sich frei zu bewegen, im Stroh zu wühlen oder sich im Schlamm zu suhlen.

Name:

Der Körper des Schweins und seine Nutzung

 Schneide die Kärtchen unten aus und klebe sie jeweils an die richtige Stelle.

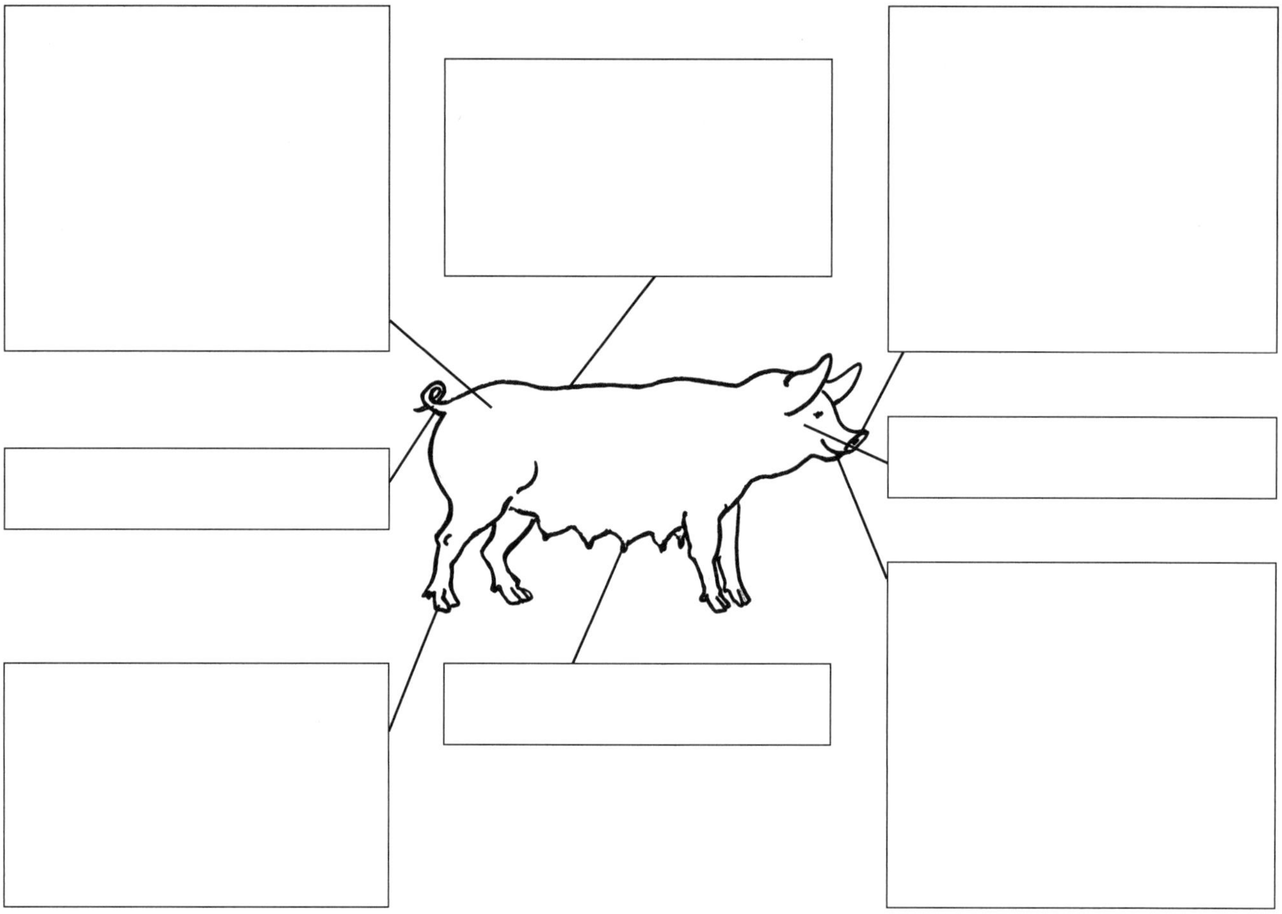

✂

Die **Haut** ist meist rosafarben, manchmal auch braun oder schwarz und hat nur wenige Borsten. Unter den Borsten liegt eine dicke Speckschicht (Schwarte), die vor Kälte schützt. Aus den Borsten werden Bürsten und Pinsel hergestellt, aus der Haut Leder für Schuhe und Taschen.

Die **Zähne** kennzeichnen Schweine als Allesfresser. Mit den vorderen, spitzen Backenzähnen werden die Fleischteile zerrissen und mit den hinteren, stumpferen Backenzähnen die Pflanzenteile zermahlen. Im Gegensatz zur Sau hat der Eber außerdem große Stoßzähne. Diese werden Hauer genannt.

Die längliche Nase nennt man **Rüssel**. Mit ihm können Schweine nicht nur sehr gut riechen, sondern auf der Suche nach Nahrung auch im Boden wühlen. Wegen ihres guten Geruchssinns werden Schweine auch als Spürschweine verwendet (z.B. zur Trüffelsuche oder von der Polizei zur Aufspürung von Drogen).

Der **Rumpf** ist länglich und dick. Das Fleisch kann gebraten, gekocht oder gedünstet gegessen werden. Auch zur Herstellung von Schinken und Wurst eignet sich Schweinefleisch.

An jedem Fuß hat das Schwein einen **Huf** mit zwei großen **Zehen**, auf denen es geht. Dahinter hat es zwei kleinere Zehen, die es abspreizen kann. Damit verhindert es z.B., dass es einsinkt, wenn der Boden weich ist.

Eine Sau hat 14 **Zitzen**, an denen sie ihre Jungen säugt.

Der kurze **Schwanz** ist geringelt.

Der **Kopf** ist groß. Viele Hausschweinrassen haben Hängeohren.

Das Schaf

Das Hausschaf stammt vom Wildschaf ab. Es gehört zu den ältesten Haustieren der Welt. Ursprünglich wurden Schafe wahrscheinlich wegen ihres Fleisches gehalten, in kälteren Gegenden diente ihr Fell den Menschen aber auch als Kleidungsstück. Später wurde auch die Wolle der Schafe genutzt. Männliche Tiere nennt man Bock oder Widder. Weibliche Schafe heißen Aue oder Mutterschaf und die Jungtiere Lämmer.

Schafe können zehn bis zwölf Jahre alt werden. Sie leben in Gruppen zusammen. Eine Schafherde besteht normalerweise aus Muttertieren und ihren Lämmern, die Widder kommen nur zur Paarung in die Herde. Unter den Tieren gibt es eine bestimmte Rangordnung.

Schafe sind wie Rinder Wiederkäuer, d. h. sie fressen und kauen die Nahrung später noch einmal durch. Sie sind sehr genügsam. Auf der Weide ernähren sie sich hauptsächlich von Gräsern und Blättern, knabbern bei Futtermangel aber auch an den Rinden von Bäumen und Sträuchern.

Schafe können im Winter auf der Weide bleiben. Sie finden selbst unter einer Schneedecke Futter. Ihr dichtes Wollvlies schützt sie vor Kälte. Nur bei extremer Witterung müssen Schafe in einen Stall.

Mindestens einmal im Jahre werden die Schafe geschoren, zumeist im Frühjahr. Nicht immer kann der Schäfer bei der Herde sein. Sogenannte Herdenschutzhunde, die in der Herde leben, schützen die Schafe vor wilden Tieren wie Füchsen, Raben, Adlern und Wölfen.

 Schreibe die Fragen in dein Heft und beantworte sie mithilfe des Textes.

Von welchem Tier stammt das Schaf ab?

Wie heißen die Mitglieder einer Schaffamilie?

Welche Tiere leben normalerweise in einer Schafherde?

Was fressen Schafe?

Wo leben Schafe?

Welche natürlichen Feinde hat eine Schafherde? Wer schützt die Herde?

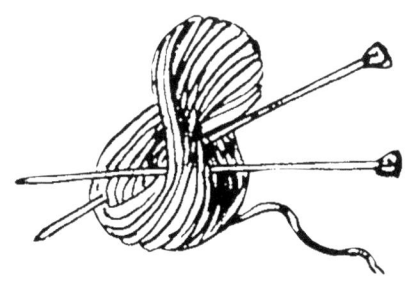

Name:

Der Körper des Schafes und seine Nutzung

Es gibt verschiedene Schafrassen: weiße, braune und auch schwarze Schafe in unterschiedlicher Größe. Manche von ihnen haben stehende, andere hängende Ohren, einige Rassen haben Hörner, andere nicht. Auch das Fell ist nicht bei allen Schafen gleich lang und dicht. Früher wurde das Fell von sogenannten Wollschafen oft zu Wolle verarbeitet. Heute lohnt sich das kaum noch, da die Herstellung von Kleidung aus künstlichen Materialien billiger ist.
Die meisten Schafe werden deshalb als Masttiere gehalten und dienen der Fleischgewinnung. Einige Rassen werden auch zur Milchgewinnung genutzt. Aus Schafsmilch kann man z. B. Käse herstellen. Außerdem werden Schafherden in der Landschaftspflege eingesetzt. Sie grasen große Grünflächen ab und ersparen so das Mähen dieser Fläche.

 Schneide die Kärtchen unten aus und klebe sie jeweils an die richtige Stelle.

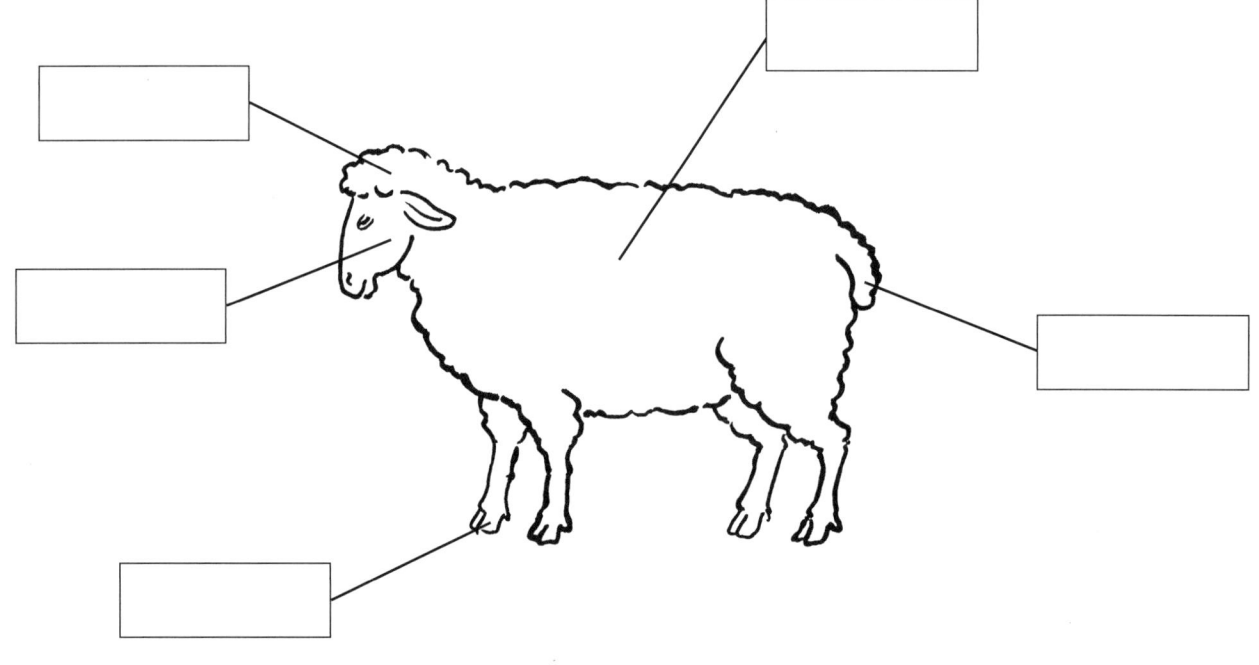

✁

| Schaupe | Kopf | Schwanz | Rumpf | Klaue |

Das Haushuhn

Das Haushuhn wurde aus dem asiatischen Bankivahuhn gezüchtet. Das weibliche Huhn nennt man Henne, das männliche Tier Hahn und die Jungtiere heißen Küken.

 Verbinde die passenden Satzteile miteinander.

Hühner sind sehr gesellig und leben	Hähne und Hennen von hohem Rang dürfen zuerst an den Futternapf und sich auch ihren Schlafplatz als Erste aussuchen.
In den Gruppen gibt es eine feste Rangordnung:	verbringen Hühner viel Zeit mit der Nahrungssuche.
Ist die Rangordnung festgelegt,	fünf bis sieben Jahre alt werden.
Gern nehmen sie ein Sand- oder Staubbad und	gehen dafür aber am Abend zeitig schlafen.
Wenn sie frei herumlaufen können,	in kleinen Gruppen zusammen.
Im Boden suchen sie	säubern so ihr Gefieder.
Außerdem mögen Hühner	die auf Bäumen schliefen, um vor Raubtieren sicher zu sein.
Werden die Hühner in Ställen oder Käfigen gehalten,	nach Körnern, Würmern und Insekten.
Hühner sind Frühaufsteher,	besteht ihr Futter meist aus Getreide und Fleischmehl.
Nachts gehen die Hühner in ihren Stall,	geht es meist ruhig und friedlich in der Hühnergruppe zu.
Das Schlafen auf einem erhöhten Platz haben sie von ihren wilden Vorfahren geerbt,	Klee, Löwenzahn und Brennnesseln.
Ein Huhn kann	wo sie meist auf Sitzstangen schlafen.

Name:

Der Körper des Huhns

Es gibt mittlerweile ungefähr 180 Rassen unseres Haushuhns.

Meist ist das Gefieder braun oder weiß, aber es gibt auch schwarz-weiß melierte, braun gesprenkelte und schwarze Hühner. Das Federkleid der Hähne ist viel bunter als das der Hennen und auch ihre Schwanzfedern sind länger und prächtiger. Außerdem sind Hähne deutlich größer als Hennen.

Typisch für Haushühner sind der rote Kamm und die Kehllappen am Kopf. Vor allem bei den Hähnen ist der Kamm sehr groß.

Der Schnabel ist spitz und hart. Wie alle Vögel haben Hühner keine Zähne. Sie zerdrücken die Nahrung mit der Zunge. Im Hals befindet sich der sogenannte Kropf, wo die Nahrung aufgeweicht wird. Erst im Magen wird sie zerkleinert und dann verdaut.

Hühner sind Vögel, die die meiste Zeit am Boden leben. Sie können nicht sehr gut fliegen. Oft werden den Hühnern auch die Flügel gestutzt, damit sie nicht davonflattern. Mit ihren kräftigen Beinen können sie gut rennen. An den Füßen haben Hühner keine Federn, sondern gelbe Hornschuppen. Drei Zehen sind nach vorn gerichtet, eine Zehe zeigt nach hinten. Über dieser sitzt der Sporn, den die Hähne bei Hahnenkämpfen als Waffe einsetzen.

 Wie heißen die Körperteile? Schreibe die Begriffe an die richtigen Stellen.

Kamm   Sporn
Kehllappen   Zehen   Flügel
          Schnabel   Schwanz   Bein

Name:

Haltungsformen von Hühnern

Die Menschen halten Hühner zur Eigewinnung und als Fleischlieferant. Früher lebten Hühner meist auf Bauernhöfen, wo sie frei herumlaufen durften. Um Fleisch und Eier billiger produzieren zu können, werden Hühner heute häufig anders gehalten.

 Welche Haltungsform passt zu welcher Erklärung? Schreibe die entsprechende Zahl in das Ei beim Text.

1. Bodenhaltung   2. Freilandhaltung   3. Käfighaltung   4. Biohaltung

In einer Legebatterie leben viele Hennen eng zusammen. Die Käfige stehen in einer langen Reihe in mehreren Etagen. In jedem Käfig leben vier bis fünf Hühner. Für jedes Huhn gibt es etwas weniger Platz, als ein Zeichenblatt groß ist. Die Hühner sitzen oder stehen auf Drahtgittern. Über Futterrinnen und Nippeltränken erhalten sie ihre Nahrung. Die Eier werden über ein Förderband eingesammelt. Die Beleuchtung der Halle erfolgt automatisch: 16 Stunden Neonlicht, 8 Stunden Dunkelheit.

Hier leben Tausende von Tieren in einer großen Halle. Sie können sich frei bewegen und in der Streu scharren, erblicken aber nie das Tageslicht. Der Wechsel von Tag und Nacht wird auch hier durch elektrische Beleuchtung geregelt. Futter und Wasser erhalten die Hühner an Futter- und Tränkeplätzen in der Halle. Der Stall bietet auch Sitzstangen und für jeweils sieben Hennen ein Nest.

Bei dieser Haltungsform wird versucht, die Hennen so natürlich wie möglich zu halten. Im Stall befinden sich Futtereinrichtungen, Sitzstangen und Nester wie bei der Bodenhaltung, zusätzlich haben die Tiere aber die Möglichkeit, im Freien zu sein.

Hier leben die Hühner wie bei der Freilandhaltung, jedoch dürfen in einem Stall nicht mehr als 3000 Tiere sein. Es gibt verschiedene Bio-Richtlinien, deren Einhaltung ständig kontrolliert wird. So müssen z.B. Küken und Futter aus biologischen Betrieben stammen.

 Lies den Ausschnitt aus dem Tierschutzgesetz. Diskutiert in der Klasse über die verschiedenen Haltungsformen der Hühner.

Wer ein Tier hält oder betreut …
- … muss das Tier seiner Art und seinen Bedürfnissen entsprechend angemessen ernähren, pflegen und verhaltensgerecht unterbringen.
- … darf die Möglichkeit des Tieres zu artgemäßer Bewegung nicht so einschränken, dass ihm Schmerzen oder vermeidbare Leiden oder Schäden zugefügt werden.
(Tierschutzgesetz §1, Absatz 1 und 2)

Name:

Das Pferd

Das Pferd ist ein weitverbreitetes Haustier. Es wurde aus dem Wildpferd gezüchtet. Das weibliche Tier wird Stute, das männliche Tier Hengst genannt. Die Jungtiere heißen Fohlen.

Lange Zeit nutzte man Pferde vor allem als Reittiere, zum Tragen von Lasten und zum Ziehen von leichten Wagen. Später wurden Pferde auch in der Landwirtschaft zum Bestellen der Äcker und in der Forstwirtschaft zum Schleppen gefällter Bäume eingesetzt. Die Erfindung des Autos löste das Pferd als Transportmittel ab. Auch schwere Arbeiten in der Land- und Forstwirtschaft übernehmen in Europa mittlerweile oft Maschinen. Die meisten Pferde werden heute als Sport- und Freizeitpferde gehalten.

Nach ihrem Körperbau können vier Typen von Pferden unterschieden werden: Kaltblüter, Warmblüter, Vollblüter und Ponys. Sie werden vom Menschen für verschiedene Zwecke genutzt.

 Welches Pferd eignet sich wofür? Ordne zu.

Kaltblüter sind große, kräftig gebaute Pferde. Sie sind ruhig und zuverlässig und bewegen sich meist im Schritttempo.

Sie sind typische Reitpferde (Dressur, Springen) oder werden vor leichte Wagen oder Kutschen gespannt.

Warmblüter sind mittelgroß und leichter gebaut als Kaltblüter. Sie sind sehr leistungsbereit.

Früher wurden diese Tiere als Arbeitspferde eingesetzt. Weil sie so klein sind, nutzte man sie gerne im Bergbau, wo sie in den engen Stollen schwere Förderwagen ziehen mussten. Heute sind sie besonders bei Kindern als Reittiere beliebt.

Vollblüter sind sehr schöne und elegante Pferde. Sie brauchen viel Pflege und Bewegung und sind bekannt für ihre Schnelligkeit.

Diese Tiere werden oft als Zugpferde oder bei der Arbeit auf dem Feld oder im Wald eingesetzt.

Ponys sind kleine, aber sehr kräftige Tiere.

Dieser Typ Pferd wird als Rennpferd eingesetzt.

Name:

Der Körper des Pferdes

Es gibt viele verschiedene Pferderassen. Pferde mit bestimmten Fellfarben und Mustern haben spezielle Namen. So nennt man ein schwarzes Pferd Rappe, ein weißes Pferd heißt Schimmel und ein Pferd mit rotbrauner Fellfarbe bezeichnet man als Fuchs. Ein Brauner hat ein braunes Fell, Schweif und Mähne hingegen sind meist schwarz. Pferde mit großen, unregelmäßigen weißen Flecken nennt man Schecken. Einzelne weiße Flecken im Gesicht oder an den Beinen eines Pferdes heißen Abzeichen.

Obwohl Pferde ganz unterschiedlich aussehen können, ist ihr Körperbau gleich.

 Schreibe die Begriffe jeweils zu dem passenden Körperteil.

Nüstern

Widerrist

Fessel

Sprunggelenk

Mähne

Rücken

Huf

Schweif

Name:

Haltung und Pflege von Pferden

Pferde bewegen sich gerne. Deshalb brauchen sie viel Auslauf, z. B. auf einer Weide oder einer Koppel. Hauspferde können bis zu 30 Jahre alt werden. Pferde fressen hauptsächlich Gras, Heu und Hafer. Daneben bekommen sie unter anderem Karotten, Äpfel und Mais.

Pferde wohnen in einer Box in einem Stall. Sie brauchen viel Pflege. Der Stall muss regelmäßig ausgemistet werden. Mit der Schaufel wird erst der Pferdemist entfernt, dann das alte Stroh mit der Mistgabel beseitigt. Anschließend wird die saubere Box mit neuem Stroh eingestreut.

Aber das ist noch nicht alles. Täglich muss das Pferd geputzt werden. Mit dem Striegel und einer weichen Bürste, der Kardätsche, wird das Fell des Pferdes gereinigt. Um den groben Schmutz zu lösen, fährt man mit dem Striegel über das Fell. Anschließend wird es mit der Kardätsche gebürstet.

Den Dreck aus der Bürste streift man am Striegel ab.

Mit einem Mähnenkamm, der so ähnlich wie ein normaler Kamm aussieht, wird die Mähne von Stroh und Dreck befreit.

Den Schweif kämmt man am besten Strähne für Strähne mit den Fingern durch. Mit dem Hufkratzer können kleine Steinchen und Dreck aus den Hufen entfernt werden.

 Wie heißen diese Gegenstände? Schreibe die Begriffe in die Kästchen.

① | S | | | | | g | | |

② | M | | | | g | | | | |

③ | | | h | | f | | | |

④ | | u | | | | | z | |

⑤ | K | | | | | s | | |

⑥ | | ä | | | | k | | |

⑦ | S | | | | k | | |

Trio (1)

Anzahl der Spieler: 3 bis 4

Regeln:

1. Verteile die Karten gleichmäßig an alle Spieler.
2. Frage einen Mitspieler nach einer bestimmten Karte.
3. Hat dein Mitspieler diese Karte, muss er sie dir geben. Frage ihn oder einen anderen Mitspieler nach einer weiteren Karte.
4. Kann ein Mitspieler dir die geforderte Karte nicht geben, darfst du von ihm eine Karte ziehen und der Nächste ist an der Reihe.
5. Hat ein Spieler ein Trio zusammen, darf er es auslegen.
6. Sieger ist, wer die meisten Trios gesammelt hat.

✂

Pferd	Pferd	Pferd
Stute	Hengst	Fohlen	Stute	**Hengst**	Fohlen	Stute	Hengst	**Fohlen**

Rind	Rind	Rind
Kuh	Bulle	Kalb	Kuh	**Bulle**	Kalb	Kuh	Bulle	**Kalb**

Trio (2)

✂

Schwein	Schwein	Schwein

Sau	Eber	Ferkel	Sau	Eber	Ferkel	Sau	Eber	Ferkel

Huhn	Huhn	Huhn

Henne	Hahn	Küken	Henne	Hahn	Küken	Henne	Hahn	Küken

Schaf	Schaf	Schaf

Aue	Widder	Lamm	Aue	Widder	Lamm	Aue	Widder	Lamm

Nutztier-Quiz (1)

Wie heißt
das weibliche Rind?

Kuh

Wie heißt
das männliche Rind?

Bulle

Wie heißt das Jungtier
bei Rindern?

Kalb

Von welchem Tier
stammt das Rind ab?

vom Auerochsen

Welche zwei Haupt-
produkte nutzt der Mensch
vom Rind?

Milch und Fleisch

Wie oft muss eine Kuh
am Tag gemolken werden?

zweimal

Welche Maschine hilft
dem Bauern beim Melken?

Melkmaschine

Wie viele Zitzen
hat das Euter der Kuh?

vier

Was fressen Rinder?

Gras, Heu, Kraftfutter

Wie heißt
das weibliche Schwein?

Sau

Wie heißt
das männliche Schwein?

Eber

Wie heißt das Jungtier
bei Schweinen?

Ferkel

Was fressen
Schweine gerne?

Getreide, Kartoffeln, Soja

Wie nennt man
die längliche Nase
eines Schweins?

Rüssel

Von welchem Tier
stammt das Schwein ab?

vom Wildschwein

Nutztier-Quiz (2)

✂

Nenne drei Produkte, die der Mensch vom Schwein nutzt.

Fett, Speck und Fleisch

Was kann man aus Schweineborsten herstellen?

Pinsel und Bürsten

Was kann man aus Schweinehaut herstellen?

Leder für Taschen und Schuhe

Wie heißt das weibliche Schaf?

Mutterschaf oder Aue

Wie heißt das männliche Schaf?

Bock oder Widder

Wie heißt das Jungtier bei Schafen?

Lamm

Von welchem Tier stammt das Hausschaf ab?

vom Wildschaf

Nenne drei Produkte, die der Mensch vom Schaf nutzt.

Fleisch, Milch, Wolle

Was fressen Schafe?

Gras

Wie heißt das weibliche Huhn?

Henne

Wie heißt das männliche Huhn?

Hahn

Wie heißt das Jungtier bei Hühnern?

Küken

Nenne zwei Produkte, die der Mensch vom Huhn nutzt.

Fleisch, Eier

Wie unterscheidet man Hähne und Hennen?

bunteres Federkleid und längere Schwanzfedern bei Hähnen

Wie viele Haushuhnrassen gibt es inzwischen?

etwa 180

Nutztier-Quiz (3)

Was fressen Hühner?

Körner, Würmer, Insekten

Was tragen Hühner
auf dem Kopf?

Kamm

Von welchem Tier stammt
das Haushuhn ab?

vom asiatischen Bankivahuhn

Wie heißt
das weibliche Pferd?

Stute

Wie heißt
das männliche Pferd?

Hengst

Wie heißt das Jungtier bei
Pferden?

Fohlen

Wie nennt man
ein weißes Pferd?

Schimmel

Wie nennt man
ein schwarzes Pferd?

Rappe

Welcher Pferdetyp wird vor
allem zur Arbeit eingesetzt?

Kaltblut

Welcher Pferdetyp ist
ein typisches Reitpferd?

Warmblut

Welcher Pferdetyp wird
als Rennpferd genutzt?

Vollblut

Was fressen Pferde
hauptsächlich?

Gras, Heu, Hafer

Wie nennt man
die Nase bei Pferden?

Nüstern

Womit reinigt man
das Fell des Pferdes?

Striegel und Kardätsche

Womit reinigt man die Hufe
des Pferdes?

Hufkratzer

Tiersteckbrief

Name des Tieres

Abstammung:

Name des männlichen Tieres:

Name des weiblichen Tieres:

Name des Jungtieres:

Haltung:

Ernährung:

Nutzung:

Natürliche Lebenserwartung:

Mein Bauernhoftierbuch

Dieses Buch gehört

Haltung und Pflege

Name des Tieres _____

👁 **Schreibe oder male.**

So wohnt das Tier:

_____
_____
_____

Das braucht das Tier im Stall:

_____
_____
_____

Das frisst das Tier:

_____
_____
_____

Körperbau

Name des Tieres _____

👁 **Klebe hier ein Bild des Tieres ein und beschrifte die Körperteile.**

So sieht das Tier aus:

Interessantes

Name des Tieres _____

🐾 **Schreibe auf oder male.**

Außerdem weiß ich über dieses Tier:

_____
_____
_____

Nutzung

Name des Tieres _____

🐾 **Schreibe auf, male oder klebe passende Bilder aus Zeitschriften ein.**

So nutzt der Mensch dieses Tier:

_____
_____
_____

Welche Arbeiten erledigt der Bauer mit den Tieren?

_____

_____

Beschreibe den Arbeitstag des Bauern.

• Wann beginnt sein Arbeitstag, wann endet er?
• Welche Arbeiten erledigt er?

_____

_____

_____

_____

Wie hat dir der Tag auf dem Bauernhof gefallen? Erzähle.

_____

_____

Besuch auf dem Bauernhof

Wie heißt der Bauernhof? Wie heißen seine Besitzer?

_____

_____

Welche Tiere leben auf dem Bauernhof? Kreuze an oder ergänze. Trage dann die Anzahl der Tiere ein.

Kühe ☐		Schweine ☐	
Pferde ☐		Hühner ☐	
Schafe ☐		____ ☐	
____ ☐		____ ☐	

Welche Nahrungsmittel werden produziert?

_____

_____

Welche anderen Produkte werden produziert?

_____

_____

Bilder für das Bauernhoftierbuch

Körperbau

✂